名师名校名校长

凝聚名师共识
回应名师关怀
打造名师品牌
培育名师群体

程明遗影

李志毅 / 编著

从课堂走向社会

培智教育社会化课堂的实践研究

中国出版集团　现代出版社

图书在版编目（CIP）数据

从课堂走向社会：培智教育社会化课堂的实践研究 /
李志毅编著. — 北京：现代出版社，2022.4

ISBN 978-7-5143-9870-0

Ⅰ.①从… Ⅱ.①李… Ⅲ.①弱智儿童—儿童教育—
特殊教育—教学研究 Ⅳ.①G764

中国版本图书馆CIP数据核字（2022）第049802号

从课堂走向社会：培智教育社会化课堂的实践研究

作　　者　李志毅
责任编辑　窦艳秋
出版发行　现代出版社
地　　址　北京市安定门外安华里504号
邮政编码　100011
电　　话　010-64267325　64245264
网　　址　www.1980xd.com
印　　制　北京政采印刷服务有限公司
开　　本　710mm×1000mm　1/16
印　　张　10.75
字　　数　172千字
版　　次　2022年4月第1版　　2022年4月第1次印刷
书　　号　ISBN 978-7-5143-9870-0
定　　价　58.00元

目　录

第一章　社会化课堂研究与思考

第二章　社会化课堂实践与交流

第三章　社会化课堂教学设计实施

1 第一章 社会化课堂
研究与思考

《新课标背景下培智教育社会化课堂的实践研究》研究报告

惠州市特殊学校　李志毅

一、课题研究的背景

（一）时代发展的要求

随着随班就读、融合教育的产生，学校的生源发生了巨大的变化，惠州市特殊学校的学生智力程度由轻度向中重度转变，有的甚至是多重残疾的学生。因此，学生的差异性非常大，原来所使用的教材、纲要也越来越不适合现阶段学校使用。原国家教委1994年颁布的中度智力残疾学生教育训练纲要，分别提出了培智学校的培养目标、课程内容和基本要求，但都较为简单。随着特殊教育规模的不断扩大和融合教育、医教结合等新理念的逐步普及，对特殊教育质量的要求越来越高，原来颁布的计划和纲要已严重不适应当前特殊教育教学的需要。

（二）教学改革的需要

《培智学校义务教育课程标准（2016年版）》共涉及培智学校十个方面的内容，包括课程性质、基本理念、课程目标、教学内容和实施建议等。这是我国第一次为培智学校学生专门制定的一整套系统的学习标准，是对我国多年来特殊教育发展和教育教学改革经验的集中总结。这套课程标准作为当前及今后一个时期特殊教育教学改革的顶层设计，对进一步提升特殊教育质量、办好特殊教育、促进教育公平，具有特殊的重要意义。

《国家中长期教育改革和发展规划纲要（2010—2020）年》《中共中央 国务院关于全面深化新时代教师队伍建设改革的意见》《第二期特殊教育提升计

划（2017—2020年）》等文件，对特殊教育的发展和改革提出了新的更高的要求，也为本课题的研究创设了良好的氛围。

（三）学校发展的需要

惠州市特殊学校创办于1997年9月，是惠州市最早的一所市直属公办特殊教育学校。

2012年9月，惠州市各县区新建了几所特殊教育学校，原本惠州市特殊学校面向全市范围招收的培智学生生源随之分流，生源数量和水平发生了前所未有的变化，培智学生的智力障碍程度由原来的中轻度变为重度，甚至极重度。回归主流，走向社会，这是培智学生走出校园的必经之路和最终归宿。然而，在社会生活中各项技能往往是需要综合运用的，课堂上所教的技能大多是割裂的，一旦进入社会，培智学生由于身心特点等原因，往往对所学到的各项知识技能无法融汇运用而无所适从，影响其就业和人际沟通交往。原有传统单一的教育模式、教学内容已经不适应现有的教学对象，但在"教育零拒绝""全纳教育"的教育理念下，就必须以我们的教学对象——以人为中心，要求教师想方设法、创造条件来提高培智课堂教学的实效性。

二、应用价值和学术价值

（一）应用价值

《中共中央关于全面深化改革若干重大问题的决定》要求深化教育改革，创新教育形式，创建无缝教育系统，指出要构建教育社会化、社会教育化的体系，着力于人的素质全面提高与发展。全国教育大会于2018年9月10日在北京召开。中共中央总书记、国家主席、中央军委主席习近平出席会议并发表重要讲话。习近平总书记强调，要在学生中弘扬劳动精神，教育引导学生崇尚劳动、尊重劳动，懂得劳动最光荣、劳动最崇高、劳动最伟大、劳动最美丽的道理，长大后能辛勤劳动、诚实劳动、创造性劳动。习近平总书记指出，要努力构建德智体美劳全面培养的教育体系，形成更高水平的人才培养体系。要把立德树人融入思想道德教育、文化知识教育、社会实践教育各环节，贯穿基础教育、职业教育、高等教育各领域，学科体系、教学体系、教材体系、管理体系要围绕这个目标来设计，教师要围绕这个目标来教，学生要围绕这个目标来学。

著名教育家陶行知指出："社会即学校""生活即教育"，两者是紧密相连的。"社会即学校"的根本思想是主张用社会各方面的力量，打通学校和社会的联系，创办人民所需要的学校，培养社会所需要的人才，反对脱离生活、脱离人民大众的"小众教育"，真正把学校放到社会里去办，使学校与社会息息相关。因此"社会即学校"的真正含义就是根据社会需要办学校。

（二）学术价值

培智学生由于自身障碍限制了其与外界环境系统的沟通和互动，在课堂上学到的知识与技能不能很好地迁移到真实的社会生活中去，在学校或教育系统内部为这些学生所创设的生活情境或准社会化的环境是有限的，因此高效的培智课堂出现了瓶颈问题。通过开展本课题实践研究，构建社会化、生活化、开放的课堂教学模式，探索多渠道的教育途径，提高了培智学生的生活品质，让他们过上有尊严的生活。社会化课堂，根据培智教育学生身心特点发展需要、社会适应的需要和生命潜能的开发，构建智力障碍学生社会化课堂，提高他们适应社会生活实际需要的基本知识与技能，寓教于社会生活中，让学生在生活中学习，在社会中成长。本课题研究主要在于补充和提升培智教育社会化课堂的研究深度与质量。

三、核心概念的界定

（一）新课标

新课标是指教育部制定的《培智学校义务教育课程标准（2016年版）》。

（二）培智教育

培智教育是指针对智力障碍儿童实施的教育。主要是开发弱智儿童的智力，纠正其不良行为，有一个健康的身体，学会生存的基本技能，提高其适应社会的能力，能够与社会很好地融合，学会一些简单技能，在可能的情况下服务社会，为家庭和社会减轻负担的教育。

（三）社会化

社会化是个体在特定的社会文化环境中，学习和掌握知识、技能、语言、规范、价值观等社会行为方式与人格特征，适应社会并积极作用于社会、创造新文化的过程。它是人和社会相互作用的结果。通过社会化，个体学习社会中的标准、规范，价值和所期望的行为。个体的社会化是一种持续终身的经验。

（四）课堂

课堂是学生学习的场所，也是育人的主渠道。狭义课堂是指进行教学活动时的教室，泛指进行各种教学活动的场所。

四、本项目流程和研究遵循的原则

（一）项目流程

认真阅读本次课题研究的文件，明确其具体要求，厘清思路。

制订研究方案，填报项目申请书。

实施课题研究具体项目。

总结和提炼课题研究项目的成果，并推广应用。

（二）课题研究遵循的原则

1. 差异性原则

德国哲学家莱布尼茨说，"凡物莫不相异，天地间没有两个彼此完全相同的东西""世界上没有两片完全相同的树叶"。培智学生的差异性教育是依据身心特点的差异、家庭教育的差异、接受能力的差异的教育。这些反映在传授知识和技能的类别、速度、深度、思维方式、动手能力等多个方面。根据学生现有发展水平和个体差异发展来设计活动的内容、形式、方法，扬其长，补其短。在活动中对个别儿童进行有针对性的指导，实施补偿教育。

2. 主体性原则

以学生为教学的主体，以教师为教学的主导。一切活动都要在充分调动培智学生参与教学活动的积极性、主动性的前提下，力求做到通过培智学生自主参与来实施教学活动。

3. 直观性原则

在教学中，通过引导培智学生观察所学事物或图像，形成有关事物具体而清晰的表象，以便理解所学知识。正确选择直观教具和现代化教学手段，直观要与讲解相结合，防止直观的不当与滥用。

4. 发展性原则

教学的内容、方法和进度要适合培智学生的身心发展水平，了解学生的发展水平，从实际出发进行教学，使培智学生在理解的基础上牢固地掌握知识和技能。

五、研究内容

研究探索社会化课堂的教育内容、教育策略和教育途径，根据不同的教学阶段及内容的侧重不同分成两个方面的研究方向。

（一）义务教育阶段培智教育社会化课堂实践的研究

惠州市特殊学校成立启智部初期，招收对象以轻度智力落后儿童为主，多数学生情绪表现比较稳定，有一定的生活自理能力和言语沟通能力，有一定的认知能力。学生基本能适应集体教学模式，也能学习基础学科知识，编写于1987年的全国统一的人教版培智学校教学大纲及教材仍以学科的形式呈现。目前启智部的教学对象残疾程度重、特殊行为多，无语言、无沟通能力的学生增多，不听指令，注意力不集中，无法适应集体教学。他们不能把所学的学科知识和技能进行有效迁移，解决社会生活中的实际问题，不能适应社会生活，所以，培智学校课程及教学模式亟待改变。我们需要在学科教学中开展社会化主题活动，有效实现课堂教学的社会化，将知识与技能的学习和实践活动有机结合起来，提高学生运用知识解决实际生活问题的能力。惠州市特殊学校启智部于2014年开始启动教学改革工作，主要实行包班制下的主题教学，每个班由三名教师负责班级的教育教学、班级管理、安全教育等工作，主题课综合了语文、数学和生活等学科的知识与技能。

（二）培智学生职业高中教育的社会化课堂实践研究

社会需求具体化，就是受教育者的质量规格的总体要求。培智学生最终要离开校园，走向社会，不能将学校的教育与社会的实践割裂开来。培智学生职业高中教育的课程设置、教学内容、学习环境都要与社会实际相结合，着重培养培智学生的劳动技能和适应社会的能力。研究职业技能培训社会化支持系统、职教班教学模式，课程安排以职业教育课程为主，对所学的文化知识进行有效整合，以社会实践为蓝本，开设教育活动，学习为社会生活服务的必备常识，边教学边实践，促进培智学生的社会化发展。本课题主要研究培智学生社会化实践活动的开发和实施，并进行一系列的整合活动，大胆改革多方面的内容为实践活动服务，结合职业教育教学内容，利用社区资源，开展一些适合培智学生身心特点的参观、体验的社会实践活动。

六、研究目标

（1）完善和改进培智课程结构与课程内容，通过研究和实践，积累和总结适宜培智学校学生的最优化的教学策略、途径、方法及运作模式。

（2）提高教师开展"培智学生社会适应能力培养"的教学能力和水平，掌握基本方法和原则，提高"培智学生社会适应能力培养"教学的针对性和实效性。

（3）切实提高培智学生的社会适应能力，使之成为对"社会有用之人"。

七、拟突破的重点、拟解决的关键问题及主要创新之处

（一）拟突破的重点

本课题聚焦课堂，把提高培智课堂教学质量，实现高效课堂为重点，改变培智学生习惯于机械记背和重复练习，不能主动联系生活理解、体悟，也不能自觉运用所学知识分析、解决生活中的问题。

（二）拟解决的关键问题

拟解决的关键问题是解决培智学生不能把所学的学科知识和技能进行有效迁移，解决社会生活中的实际问题，不能适应社会生活。

（三）主要创新之处

主要创新之处在于根据培智学生的身心特点，以及结合他们社会生活的实际进行适宜的教学，为他们创设参与社会生活的机会，总结出适合培智学生需要的具有地方特色的社会化课堂的教育模式和校本课程，同时对已有经验进行改进和创新，丰富培智学生社会化课堂研究的实践经验。

八、研究方法和手段

（1）行动研究法：本课题的主要研究方法，对培智学生平时的学习、生活、行为表现进行观察，观察其心理变化。根据残疾儿童的身心特点，针对当前培智学生的现状，制定培智教育社会化课堂的目标、内容和方法。

（2）调查法：通过调查，了解目前培智学生学习和生活现状，尤其是课堂教学中存在的问题，以便更精准地做研究。

（3）文献资料法：查阅特殊教育中有关培智课堂的资料，进行综合分析，寻求理论与实践创新。

（4）案例研究法：一是研究不同类别学生社会化教学的效果案例；二是研究能够体现教学效果的课例。

九、解决问题的主张

（一）从社会需要的角度出发

教育促进人的社会化是指教育目的强调人是社会的产物，教育就是使受教育者成为社会需要的人，主张受教育者掌握社会的知识和规范，适应社会生活需要。正如惠州市特殊学校校训：学会求知，学会生存，做社会有用之人。

（二）从个体差异的角度出发

教育促进人的个性化是从个人自身发展的需要，根据人的本性的需要来确定教育目的，培养个人的价值，注重人的身心和谐发展，使受教育者的个性得到发展。针对学生的个体差异，主张培智课堂教学要做到因材施教、个别化教育和一生一案。

十、研究过程

（一）以人为本，求真务实，努力提高课堂教学效率

立足课堂，把课上好才是硬道理。结合培智学生生理及心理特点，课题组聚焦新课程、新课标，通过听课磨课、送教支教课、展示汇报课，着力打造高效课堂，引领课题组成员不断提炼教学风格，提高教学水平。

1. 学普研特，走进惠城区普小、幼儿园学习交流

2019年5月9日，广东省李志毅名教师工作室的入室学员和课题组成员们来到惠州市新湖小学参观交流，分别听了语文、数学、英语三节课，并进行了评课议课。

2. 同课异构展风采，特教同心绘蓝图

为了学习借鉴先进的教学理念、教学模式，以及结合工作室实际情况，于2019年4月14—19日组织工作室入室学员及课题组成员赴福建厦门、泉州、福州三地四所特校交流研修学习，时间为6天。四所特校分别是：福建省福州市聋哑学校（福州市鼓楼区西洪路坊下15号）、福建省福州市星语学校（福州市仓山区首山路110号附近）、福建省厦门市特殊教育学校（厦门市思明区前埔南路1263号）、福建省泉州市特殊教育学校（泉州市丰泽区华大街道）。

3. 省外学习

2019年4月21—26日，广东省李志毅名教师工作室主持人李志毅、学员曾家苑老师赴江苏南通，参加由韶关学院省级中小学教师发展中心组织的名教师、

名园（校）长工作室主持人团队为期6天的专项研修活动。采取集中研修+跟岗学习+总结汇报相结合的模式。跟岗地方是南通特殊教育中心邵云工作室。学习交流的学校有南通师范学校第二附属小学校、南通市通州区特殊教育学校、南通市新桥小学、南通市社会福利院。通过学习交流，不仅开阔了视野，增长了见识，还增进了工作室之间的友谊。

（二）专家引领，促进教师专业成长

1. 台湾知名特教专家特教知能培训

2019年3月26—29日，课题组成员和广东省李志毅名教师工作室学员到惠州市特殊学校进行为期4天的集体研修活动。3月26—28日，参加了台湾知名特教专家林丽英老师的特教知能培训。林丽英是台湾台北教育大学兼任讲师、心路社会福利基金会原副执行长。

2. 美籍华人特教专家培训

2019年6月9日，邀请赖铭次教授做题为《培智学生社会化课堂教学和生活教育》的讲座。赖铭次教授是美籍华人，美国俄亥俄州临床心理执照师、教育心理学博士，原克里夫兰市Pradet-will综合征治疗中心临床心理顾问、BlickClinic治疗中心主任和医院临床心理顾问、美国国际TORP-n-LQ公司资料服务主任。

3. 惠州资深特教专家培训

2019年6月10日，邀请惠州市教育科学研究院徐文健副院长在惠州市特殊学校做了题为《浅谈教学研究》的讲座。讲座中主要讲：一是如何写好教学论文：教学论文的定义、教学论文的分类、教学论文的构成、如何撰写教学论文；二是如何进行教学课题研究：课题的选题、课题研究方案、申报与立项、实施与管理、结题鉴定与成果推广。

（三）示范引领，展现名师风采

1. 走进惠阳特校

2019年6月10日，李志毅名教师工作室在惠阳区特殊教育学校开展了"送教下乡"活动，同时还邀请了惠州市教育科学研究院徐文健副院长作为点评指导专家。分别由工作室学员、课题组成员林锦娴老师执教生活数学"我会分类"和宋石红老师执教家政课"做腊味饭"。两位老师提前用心准备：了解学生情况、备教案、制作教学课件和教学具，在课堂上注意分层教学、及时表扬、生活化的选题等，无处不体现两位老师对送教活动的重视和对特教的热情。

2. 走进惠城区特殊教育学校

2019年6月11日，到惠城区特殊教育学校开展送教活动。第一节课：工作室学员、课题组成员廖捷文老师在一年级上的示范课"做绿豆糖水"；第二节课：工作室学员曾家苑老师的课，延伸上一节的内容，引导学生分享喝绿豆糖水的感受，注重师生互动，把教学内容与儿歌生动结合。听完精彩的两节课，接下来是广东省特级教师、工作室主持人李志毅副校长的专题讲座《扬学习之帆　追特教之梦》（注：此专题讲座分别到惠阳区特校、惠城区特校、博罗县特校、省杨村社会福利院巡回演讲）。讲座围绕特教之梦、工作室之梦展开，还传授上好一节优质课的技巧。

3. 走进广东省杨村社会福利院

2019年6月12日，到广东省杨村社会福利院开展送教活动，该院为广东省民政厅直属处级单位，由工作室学员林烁彬老师上了一节生活数学"认识钟表"，民政厅网站做了报道。

4. 走进博罗县特殊教育学校

2019年6月13日，到博罗县特殊教育学校开展送教活动。袁秋雨老师的音乐律动课《十个印第安小朋友》、博罗特校张德洁老师的语文课《带你走进夏天》以及龙门特校黄海红老师的班会课"食品安全"。三位老师的课型、内容各不相同，组织形式各有特点，很好地展现了工作室成员、课题组成员能力构成的多样性。

（四）以课题为桥梁，以学习提升为目标，加强交流合作

1. 课题交流，共促发展

2019年11月14日，课题主持人李志毅受东莞市启智学校和广东省廖健华名教师工作室的邀请参加了2019年东莞市特殊教育课题开题报告，并作为课题指导专家。此前，多次受邀作为东莞市、河源市特殊教育教学优秀论文评选和师德论文评选专家、教师招聘评委。

2. 走进佛山特教课堂

课题主持人被聘为佛山市启聪学校教研指导专家。课题主持人李志毅作为指导专家受邀到佛山市启聪学校开展了"如何突破教学难点"的教研活动，以走进教室、把脉课堂、专题讲评等形式开展了为期一天的教学研讨活动，工作室的全体成员参加了此次活动。

3. 走进肇庆特教骨干老师全员培训课堂

2019年6月5日，被肇庆市教育局聘为"2019年肇庆市中小学教师全员培训特殊教育专家"进行授课及网络在线答疑，主题是"如何构建特殊教育学校的校园文化"。

4. 走进汕尾市特教骨干老师全员培训课堂

2020年8月14日，李志毅老师被聘为汕尾市特殊教育新老师培训班授课专家。

5. 走进龙门县特殊教育学校

2020年8月，李志毅老师担任龙门县特殊教育教师专业化能力水平提升培训班授课专家。2021年10月29日，被聘为龙门县特殊教育学校课题指导专家。

6. 走进惠州市残疾人康复中心

2021年10月12日，李志毅老师受邀担任惠州市康复中心课题指导专家。

7. 走进东莞市启智学校

2021年10月22日，李志毅老师被聘为东莞市启智学校教研指导专家。

8. 参加广东省名教师名校（园）长工作室高峰论坛主题演讲

2019年11月26日，由省教育厅在华南师范大学举办的《粤教育·粤精彩，唱响岭南教育流派——广东省名教师名校（园）长工作室高峰论坛》，作为唯一一位特殊教育名教师工作室主持人（注：含普校共3个名额），以TED演讲模式向全省400多位主持人做了题为《深耕内涵发展，锻造特教品牌》的主题演讲，为特教代言，为惠州发声，受到了省市教育主管部门和教育同行的一致好评，为惠州特教增光。

9. 四次走进广二师的讲堂

2021年8月31日，李志毅老师受邀为广州市第五、六批骨干教师作题为《专业引领成长，道德规范未来》专题培训；2019年12月10日全天，李老师受广东省第二师范学院邀请，作为广东省特殊教育新课标骨干教师研修项目主题现场教学指导专家。此外，2018年7月20日和11月10日，李老师两次受广东省第二师范学院邀请担任实践专家进行授课指导，项目名称是：2018年广东省特殊儿童心理与教育评估教师培训学员课题研究/IEP指导项目。

十一、研究成果

（一）开发了新课标背景下培智教育社会化课堂教材、教案及实践活动设计

1. 教材

在培智学校新课标（2016年版）的指导下，编写了社会化教材，为特殊教育学校的校本教材提供了较好的教材选择，对建立社会化课堂教学模式产生了积极的意义。

2. 教学设计

在新课标的指引下，在撰写教学设计中，重视植入社会化课堂的理念，完成了教学设计、教学反思80篇。

3. 实践活动设计

根据培智学生和学校的实际情况，结合教育社会化课堂的实践研究，拟订了实践活动设计方案20个。

（二）构建了新课标背景下培智教育社会化课堂的四个模式

1. 四环教育社会化课堂模式

四环教育社会化课堂模式：激趣—创境—疏导—演示。

一是激趣，兴趣是最好的老师。为了让培智学生得到社会实践训练，培养培智学生社会实践能力，在日常教学中，需要以学生兴趣为基础，给学生创建不同的教学活动，如才艺展示、合唱比赛等，以及利用课余时间，让学生收集一些实际生活中的广告牌、路牌等信息，开展一系列实践活动等。

二是创境，创设生活情境和准社会化的环境，增强交往和适应能力。培智学生由于自身障碍限制了其与外界环境系统的沟通和互动，在传统课堂上学到的知识与技能不能很好地迁移到真实的社会生活中去，学校或教育系统内部为这些学生所创设的生活情境或准社会化的环境是有限的，难以实现高效课堂。在实际教学过程中，教师需要给予学生正确引导，适当地"逼"一下培智学生，让其敢于踏出交流第一步。通过这种方法，能够让培智学生的交际能力得到进一步加强。

三是疏导，通过心理疏导培养学生阳光自信的良好品质。培智学生在丰富教学环境中，通过亲身参与，感受比赛氛围，克服内心的恐惧和胆怯，敢于和他人交流。在活动过程中，不可把活动内容停留在书本上，需要对其进行适当扩展，让学生在丰富的教学活动中掌握更多社会实践技巧。为了对学生认知能

力、记忆能力进行锻炼，在实际教学过程中，教师可以把和生活相关的内容融入其中，通过给学生创建生活化教学情境，把教学内容延伸到实际生活中，结合实际，对培智学生生活自理能力进行锻炼和培养。

四是演示，利用情境演示，让教学更直观生动。教师可以给学生安排不同的角色，通过角色扮演，完成教学任务。在实际教学中，通常学生会对教材中的角色产生混淆状况，这时教师在安排学生不同角色时，需要引导学生对角色性格和特点有充分了解，这样不但能让学生了解角色，还能将角色的语言、形态通过表演的方法进行展现。通过这种方法，不但便于学生对文章内容有充分了解，同时也让学生在表演过程中提高交流和配合能力。

2. 模拟教育社会化课堂模式

一是模拟生活场景。"生活即教育"，生活处处是教育，生活具有教育的意义，具体教育的作用；生活决定了教育，教育不能脱离生活；"生活即教育"是对传统教育脱离实际、脱离生活的批判。为了对学生的认知能力、记忆能力进行锻炼，在实际教学过程中，教师可以把和生活相关的内容融入其中，通过给学生创建生活化教学情境，把教学内容延伸到实际生活中，结合实际，对培智学生生活自理能力进行锻炼和培养。例如，向学生讲述元、角、分之间的转换关系。部分学生即便学习几年，也不能正确完成人民币换算，真正接触人民币以后，不懂得如何使用。所以，教师可以给学生创建生活情境，如到超市采购，给学生分配不同的角色，让学生正确使用人民币，为学生今后步入社会奠定基础。

二是模拟社会职业情境。"社会即学校"，社会作为最好的课题，所有教学内容都要结合社会，不可脱离社会。对培智学校来说，在开展教育活动时，更好结合社会实际，服务社会。例如，清洁工作是培智学生主要就业方向。对清洁流程来说，其专业性和义务制教学劳动技巧培训课程在本质上存在一定差别，在形式上要求学生配备专业的清洁工具，掌握正确的清洁技巧，从意识上严格要求自己，通过标准化教学，让学生掌握基本社会生存技巧。要创设职教氛围，让校园处处能育人，在实际教学过程中，学校需要给学生设置活动区域，并在活动区域内摆放一些学习道具，创建一些满足教学要求的情境教室，建设家政室、洗车中心、客服服务、洗衣房、烘焙室等。模拟各类社会职业情境，包括：①参观学习。带领学生现场参观，参观生活用品商店或工厂企业等，让培智学生亲身感受体验。②情境模拟。指派实操任务，学校后勤部门可以扮演家政公司的角色，给学生安排一些清洁任务，提供清洁道具，从玻璃水喷洒到涂水器使用等整个过程都有严格要求。③角色扮演。从培智学校走出来的大部分学生都从事一些和服务相关的工作，如餐饮、清洁等劳动密集型工作，这就要求培智学校在进行职业教育时，加强对此部分内容的培训。为了能够给学生创建良好的学习环境，每次教学都设有对应工作场所是不现实的，为了能让学生快速进入对应的学习情境中，教师可以通过角色扮演的方法来实现。④校企合作。推进培智学生职教实训和就业工作，加强校企合作，大力推进培智学生实习训练和就业工作是重中之重的工作。培智学生最终要离开校园，走向社会，不能将学校的教育与社会的实践割裂开来。培智学生职业高中教育的课程设置、教学内容、学习环境都要与社会实际相结合，着重培养培智学生的劳动技能和适应社会能力。

3. 主题教学社会化课堂模式

主题教学是指在一定的时间内围绕一个主题来组织教学活动。主题教学打破了学科之间的界限，将各种学习内容围绕一个主题有机地连接起来，让学习者通过该主题的教学活动，获得与主题有关的较为完整的经验。主题教学活动涉及生活语文、生活数学、生活适应等学科内容，同时涵盖了生活自理、沟通交往、社会适应、健康休闲等各方面的能力训练，主张"教学做合一"，通过主题教学可以实现学生各领域的发展，让学生构建知识，提高素养，实现教育的价值，达成自食其力、自强不息、残而有为，做社会有用之人。主题选择的主要方向如下。

一是结合学校例行活动或计划去确定主题。选择主题时，可以根据学生的需要及学生的IEP目标把学校例行活动作为主题，如校运会、艺术节等。

二是节日类的主题。每年的一些节日，我们也可以作为主题，如中秋节、元旦、国庆节等就可以直接作为主题，然后展开教学。

三是以季节或时间为主题。如一年四季可以作为主题，"美丽的春天""多彩的秋天""冬天来了"等；还可以从时间来考虑，如"快乐的九月""光辉十月"等，也是可以作为教学主题的。

四是以本土文化内容为主题。不同地方都可以结合当地的本土文化设计教学主题，然后从衣食住行去考虑具体教学内容。如对"美丽惠州"主题，就可以分为"住在惠州、吃在惠州、游在惠州"等子主题。

五是从日常生活中选材作为主题。除了以上几项，还有很多其他的内容也是可以作为主题的，只要贴近生活实际，符合学生实际，学生容易接触和理解的，都可以作为主题，如"快乐的生日会""我是劳动小能手"等，只要符合学生的年龄特点、兴趣，且具有功能性，就可以作为主题。

4. 家校共育社会化课堂模式

家庭是儿童最早置身的环境，家长是孩子的第一任老师，所以家长和孩子的联系最紧密、最持久；学校是对孩子进行教育的场所，教师是对孩子进行教育的专职人员，相对于与其他社会环境的关系，家庭和学校间的联系无疑更密切。因为特殊儿童的障碍类别和障碍程度各有不同，与普通学校相比，特殊学校的教师和家长承受的压力更大，面临的挑战更多，所以家校之间更需要形成合力来最大限度地发挥特殊儿童的潜能，提高他们的学习及生活技能。

一是共建家委会，让家校共育更有保障。家委会在学校的领导下认真做好民主监督制，制度规范化、内容具体化，做到了家委会工作常态化、主动化。特殊学校家校共育有效联动机制很重要。家长在家校共育中的地位应得到尊重，学校应尊重其主体权利，与家长平等对话，积极协商，解决教育教学问题，实现家庭教育、学校教育的共同发展。

二是开放课堂，家长与孩子共成长。特殊学校要以开放的姿态打开校门，让特殊学校的课堂向家长开放，家长进班听课，与孩子共同成长。和普校的学生一样，培智学生也需要家长的陪伴，但陪伴不是包办，不是溺爱，而是参与教育，是家长的再学习，与孩子共成长。动员家长积极参加亲子互动活动，同时对班级教育教学进行督查，提出合理的建议。

三是开展亲子互动实践活动。春天是引导培智学生探索周围事物和景象变化的好时机，也正是学生领略大自然美好风光的大好季节，为了让学生感受春天植物的变化，感受大自然的美、捕捉春的气息、探索春天的秘密，也为了给学生提供户外观察、探索、实践、参观的机会，教师可以开展"体验春天，亲近自然"的主题活动。培智学生在家长的带领下，在家的附近寻找春天的气息。

四是利用新媒体促进家长和教师的沟通。新形式的家校合作并非传统观念上的合作，更多的是和家长互相影响、讨论、了解、鼓励，从而建立真正的伙伴关系。不以学生之名强求家长配合工作，这就需要在家校沟通的方式上有更多的途径。成功的教育是离不开家庭与学校的共同努力的。教师还可以积极利用微信群与培智学生的家长沟通班级动态及学生情况，每学期都会定期召开家长会，总结班级近况，与家长面对面进行班级管理和学生教育方式方法的交流，并邀请家长观摩教师的课堂教学。

十二、实践的结论

（一）"社会即学校""生活即教育"，两者是紧密相连的

社会化课堂着力于人的潜能开发与个体发展，有利于人与社会无缝对接。在深化教育改革、勇于创新的理念下，努力创建无缝教育对接系统，即教育社会化、社会教育化的体系，着力于人的潜能开发与个体发展。本课题将在新课标的背景下，以人为中心，以培智学生参与社会生活实践和体验为载体，丰富和提高课堂教学的实效性。

（二）社会化课堂，有利于解决培智学生智力障碍与知识技能的矛盾

与其把培智学生有限的智力资源和有限的时间白白浪费在几乎等同于"对牛弹琴""牵牛上树"智力开发上，还不如把时间安排在培智学生的生存训练上有用和实在。因此，培智学生要实现社会化这一目标，就必须要通过教育使学生具有生活自理能力、与人交往能力、适应社会生活能力和自食其力能力。

十三、效果评价

本课题在研究过程中，得到了惠州、揭阳、揭东、惠阳、惠城、博罗等特殊教育学校的大力支持，从前期的课题调查研究到社会化课堂研讨等活动，相关学校高度重视，教师积极配合，学生进步，家长满意，收到了较好的教学效果和社会效益。主要体现在以下几个方面。

（一）学生方面

1. 以人为中心，课堂上能营造宽松、民主、平等的学习氛围

通过开展新课标背景下培智教育社会化课堂的教学实践，补充和提升了培智教育社会化课堂的研究深度与质量，凸显了以人为中心，以培智学生参与社会生活实践和体验为载体，丰富和提高了课堂教学的实效性，学生接受和体验能力明显提高。

2. 创设了生动有趣的教学情境和社会现实的体验感悟

社会化课堂寓教于社会生活中，让学生在生活中学习，在社会中成长，教师能与学生一起学习、探究、倾听和交流，充分体现了"社会即学校""生活即教育"的教育思想。构建社会化、生活化、开放的课堂教学模式，探索多渠道的教育途径，提高了培智学生的生活品质，让他们过上有尊严的生活，取得

了较好的教学效果。

3. 体现了学生主体、教师主导的作用

课堂活跃，学习氛围好，能够做到师生互动、生生互动、人机互动，能激发学生主动学习，积极参与到学习活动之中，精神振奋，学习兴趣浓厚。使枯燥乏味的课堂生动具体，提高了课堂教学效果，建立了现代教育方法和手段的新的教学模式。

（二）教师方面

1. 教师的教育观念得到更新

开展课题研究的过程中使教师教育观念得到更新，学生是学习和自我发展的主体这一现代学生观得以确立。教师开始正确对待学生之间的差异，有针对性地教育，培养学生良好的社会规范，社会化水平有了很大提高。课题组成员是来自惠州市特殊学校及下辖各县区的教师，大多数是学校的教导处主任、教研组长和骨干老师等，更加有利于整合各自优势课程资源，提高全市的教师教研水平。本着全市一盘棋、资源共享、突出特色的理念，开展了同课异构、交流研讨、专题讲座等活动，进一步地促进了培智教育社会化课堂的研究与实践，教师的学科教育教学水平、科研意识和能力都得到提高。

2. 教师的学科教育教学水平、科研意识和能力都得到提高

坚持以课堂教学为主阵地，以层级递进式研讨为方式，探讨社会化课堂策略。首先，结合广东省李志毅名教师工作室研讨活动开展的契机，抓住与专家及同行面授交流指导的机会，以教研形式扩大社会化课堂教学的效果；其次，学校开展多样的课堂教学研讨活动，如"转变教学方式，落实社会化课堂"线上线下研讨活动，到兄弟特校开展"同课异构"专题研讨活动，"打造社会化课堂，促进课堂效率提高"工作室教研展示活动，"名师个性风采展示课""家长开放课"等。

十四、问题及努力方向

本课题虽然做了大量而又卓有成效的社会化课堂实践与研究工作，课题组成员努力克服课题实施过程中遇到的各种问题困难。但还存在以下两个问题。

（一）课题组成员分散，集中不容易

本课题以"广东省李志毅名教师工作室"名义申报并实施，但课题组成员分散在惠州各区县，还有两个学员分别在揭阳和揭东，虽然每次集中研修活动都能来齐，但是学员大多数为学校的教导处主任等中层干部或教学骨干，有时集中研修难免影响工作，不利于较频繁集中开展活动。今后，将联合各校、各成员继续开展社会化课堂实践研究。

（二）受新冠疫情影响，社会化课堂实践研究的广度和深度有待加强

虽然通过走进惠阳、惠城区等开展同课异构、专家讲座、专题研讨等活动进行课题研究，但是受新冠疫情影响，社会化课堂实践研究的广度和深度有待加强。自2020年新冠疫情发生以来，已积极采取了各种形式，以减少因新冠疫情带来的影响。2020年上半年主要通过线上举行研修活动；下半年按文件精神开展线下研究活动，但时间紧、任务重，社会化课堂的实践研究正在一步步展开。

特教学校培智课堂教学现状调查报告

惠州市特殊学校　李志毅

为了深入了解当前特殊教育学校培智课堂社会化教学的现状，广东省"十三五"课题"新课标背景下培智教育社会化课堂的实践研究"课题组通过微信等渠道向惠州、揭阳、深圳、韶关、东莞等地方特殊教育学校发布了《特教学校培智课堂教学现状调查问卷》，共有290位教师参与调查。

一、样本情况

（一）基本情况

1. 地域分布

本次调查面向广东省内特殊教育教师，参加调查的教师来自全省部分地市，主要集中在惠州、揭阳、韶关、东莞、深圳等地。

2. 性别

选项	小计	比例
A. 男	65	22.41%
B. 女	225	77.59%
本题有效填写人次	290	

（二）从事特殊教育教学的时间

选项	小计	比例
A. 3年及以下	100	34.48%
B. 4~10年	149	51.38%

续 表

选项	小计	比例
C. 11～15年	14	4.83%
D. 16～20年	11	3.79%
E. 21年以上	16	5.52%
本题有效填写人次	290	

（三）任教的学段

选项	小计	比例
A. 小学	206	71.04%
B. 初中	58	20.00%
C. 高中	15	5.17%
D. 其他	11	3.79%
本题有效填写人次	290	

　　参加本次调查的地级市教师和县区特殊教育学校的教师人数是旗鼓相当的，女教师明显比男教师多，达到77.59%，有一半以上的教师从事特殊教育教学的时间是4～10年，3年及以下也有34.48%，说明这支队伍年轻充满活力。七成以上教师任教的学段主要在小学阶段，两成在初中，说明九成以上教师都在义务教育阶段任教。

二、对培智学生的理解

（一）认为培智教育应着重让学生学习的内容

选项	小计	比例
A. 课本知识	4	1.38%
B. 生活技能	272	93.79%
C. 就业技能	14	4.83%
本题有效填写人次	290	

（二）是否支持培智儿童回归社会

选项	小计	比例
A. 反对，他们会扰乱社会秩序，不能走上社会岗位，应一直在家里	1	0.34%
B. 支持，他们可以回归社会并发挥自己的才能，做一些力所能及的事，如洗碗、扫地等	285	98.28%
C. 其他，原因＿＿＿＿＿＿	4	1.38%
本题有效填写人次	290	

参加此次调查的教师认为，培智教育应着重让学生学习的内容是生活技能，教会培智学生生活，掌握生活技能。高中阶段要学习就业技能，最终让培智学生回归社会并发挥自己的才能，做一些力所能及的事，如洗碗、扫地等。

（三）对提高培智课堂有效性途径的了解程度

选项	小计	比例
A. 非常了解	20	6.90%
B. 了解	97	33.45%
C. 不确定	75	25.86%
D. 不了解	87	30.00%
E. 非常不了解	11	3.79%
本题有效填写人次	290	

（四）培智儿童最需要的是什么［多选题］

选项	小计	比例
A. 关心	187	64.48%
B. 正常的眼光	213	73.45%
C. 被社会所接纳	263	90.69%
D. 正常的生活	220	75.86%
E. 其他	15	5.17%
本题有效填写人次	290	

教师们对提高培智课堂有效性的途径知晓度不高，教师在教学中遇到问题比较迷茫，培智儿童最需要的是被社会所接纳，可以正常生活，希望人们用正常的眼光看待和关心他们。

（五）您对自己所教的培智学生了解，能够注重个体差异

选项	小计	比例
A. 非常符合	87	30.00%
B. 符合	188	64.83%
C. 不确定	15	5.17%
D. 不符合	0	0
E. 非常不符合	0	0
本题有效填写人次	290	

绝大部分教师对自己所教的培智学生比较了解，符合和非常符合的占94.83%，都能够注重个体差异，体现因材施教、个别化教育的思想。

三、对课堂与教学的理解

（一）您会思考采用不同方法进行课堂教学〔单选题〕

选项	小计	比例
A. 非常符合	101	34.83%
B. 符合	183	63.10%
C. 不确定	6	2.07%
D. 不符合	0	0
E. 非常不符合	0	0
本题有效填写人次	290	

（二）您对培智课堂社会化教学的态度是〔单选题〕

选项	小计	比例
A. 积极探索，尽可能大量使用	138	47.59%
B. 依据需要，适度使用	151	52.07%

选项	小计	比例	
C. 节省时间，尽量少用	1		0.34%
D. 很少或基本不用	0		0
本题有效填写人次	290		

调查中绝大部分老师都能采用不同方法来进行课堂教学，非常符合和符合的共占97.93%，教师工作的积极性比较高，对社会化课堂的研究比较有利，能够依据需要积极探索，适度采用不同方法来进行课堂教学，态度正面，认识到位。

（三）反思时您经常独自进行反思，很少与同行交流进行反思［单选题］

选项	小计	比例	
A. 非常符合	26		8.97%
B. 符合	55		18.96%
C. 不确定	41		14.14%
D. 不符合	152		52.41%
E. 非常不符合	16		5.52%
本题有效填写人次	290		

反思时经常独自进行反思，很少与同行交流进行反思，不符合占52.41%，不确定占14.14%，说明大部分老师在实际的工作过程中能够积极反思，科学反思，并与同行交流，探讨解决问题的方法。

（四）特殊学校教师工作琐碎、重复太多，让人心烦［单选题］

选项	小计	比例	
A. 完全不符合	41		14.14%
B. 大部分不符合	102		35.17%
C. 不确定	45		15.52%
D. 大部分符合	92		31.72%

续　表

选项	小计	比例
E. 完全符合	10	3.45%
本题有效填写人次	290	

　　特殊学校教师工作琐碎、重复太多，让人心烦，大部分不符合占35.17%，完全不符合占14.14%，大部分不符合和完全不符合共占49.31%，这说明有近一半老师能够以积极的心态面对特殊学校教学工作的琐碎与重复。大部分符合占31.72%，完全符合占3.45%，不确定占15.52%，三项合计共占50.69%，过半特殊学校教师认为工作琐碎、重复太多，让人心烦，显示要重视建立教师工作的机制、教学的方法，同时要加强教师心理疏导，引导教师向积极、向上和正向方面发展。

四、课堂与教学

（一）您总是把教学内容与学生的生活经验、实际问题联系起来［单选题］

选项	小计	比例
A. 非常符合	109	37.59%
B. 符合	166	57.24%
C. 不确定	13	4.48%
D. 不符合	2	0.69%
E. 非常不符合	0	0
本题有效填写人次	290	

　　授课教师在教学中能够把教学内容与学生的生活经验、实际问题联系起来，非常符合和符合共占94.83%，从这一数据来看，绝大部分老师都能做到把教学内容与学生的生活经验、实际问题联系起来。

（二）我的学生能积极配合我的教学工作［单选题］

选项	小计	比例
A. 完全不符合	7	2.41%
B. 大部分不符合	66	22.76%
C. 不确定	33	11.38%

选项	小计	比例
D. 大部分符合	168	57.93%
E. 完全符合	16	5.52%
本题有效填写人次	290	

学生能积极配合教师的教学工作，完全符合占5.52%，大部分符合占57.93%，培智学生由于身心特点的特殊性，完全能积极配合教师的只有极少数，当然也有近六成学生能够在教师的引导下可以有限度地配合教师的教学工作。

（三）我努力教书育人，但是教学的有效性却不尽如人意〔单选题〕

选项	小计	比例
A. 完全不符合	24	8.27%
B. 大部分不符合	78	26.90%
C. 不确定	53	18.28%
D. 大部分符合	121	41.72%
E. 完全符合	14	4.83%
本题有效填写人次	290	

教师认为自己努力教书育人，但是教学的有效性却不尽如人意，有这一见解的老师约占一半，还有18.28%的老师不确定。必须引起高度重视，处理不好，将影响教师教育教学的成就感。

（四）您所在学校的课堂教学模式适合培智学生的实际情况〔限选一项〕

选项	小计	比例
A. 十分切合	21	7.24%
B. 基本切合	216	74.48%
C. 不太清楚	26	8.97%
D. 较不切合	26	8.97%
E. 很不切合	1	0.34%
本题有效填写人次	290	

教师认为所在学校的课堂教学模式适合培智学生的实际情况，十分切合占7.24%，基本切合占74.48%，较不切合占8.97%，说明目前的课堂教学模式适合培智学生自身的实际情况。

（五）从您任教的班级来看，您认为培智课堂教学存在哪些问题［多选题］

选项	小计	比例
A. 教学计划亟待完善	138	47.59%
B. 偏离学生实际，不利于教学活动的开展	122	42.07%
C. 课时量过多或过少	79	27.24%
D. 课时安排不合理	62	21.38%
E. 其他	58	20.00%
本题有效填写人次	290	

目前培智学校课堂教学存在的问题有：教学计划亟待完善占47.59%；偏离学生实际，不利于教学活动的开展占42.07%；课时量过多或过少占27.24%；课时安排不合理占21.38%。

（六）在您的课堂中，您认为培智学生能有效学习多长时间（限选一项）

选项	小计	比例
A. 10分钟以内	84	28.97%
B. 10分钟	71	24.48%
C. 10~20分钟	125	43.10%
D. 20分钟以上	10	3.45%
本题有效填写人次	290	

认为培智学生能有效学习10~20分钟占43.10%，10分钟以内占28.97%，进一步说明教师在教学过程中要紧紧抓住10分钟这一有效学习时间。

（七）在您的课堂中培智学生表现怎样（限选一项）

选项	小计	比例
A. 很活跃，积极性高	72	24.82%
B. 学生不很配合	28	9.66%

续　表

选项	小计	比例
C.学生表现一般	112	38.62%
D.个别学生基本无反应	78	26.90%
本题有效填写人次	290	

　　课堂中培智学生表现前三位的依次是：学生表现一般占38.62%；个别学生基本无反应占26.90%；很活跃，积极性高占24.82%。说明课堂中表现一般和基本无反应是常态。

（八）您认为课堂教学效率低的原因有哪些［多选题］

选项	小计	比例
A.学生学习的主动性差	230	79.31%
B.教师没有根据全体同学制定准确的教案	96	33.10%
C.教学重难点混乱	48	16.55%
D.教师时间分配不当	47	16.21%
E.没有教材等资源	110	37.93%
F.分层教学设计困难	184	63.45%
G.教师知识与技能不够	90	31.03%
H.教师情感的投入不够，不能感染学生	44	15.17%
I.其他	19	6.55%
本题有效填写人次	290	

　　课堂教学效率低的原因有多方面，依次是：学生学习的主动性差、分层教学设计困难、没有教材等资源、教师没有根据全体同学制定准确的教案、教师知识与技能不够。

（九）下面哪些可以提高课堂效率［多选题］

选项	小计	比例
A.结合实际，从学生身边的事物引入新知，提高学生兴趣	263	90.69%
B.按照课本讲解	24	8.28%

续 表

选项	小计	比例
C. 采用游戏教学模式，让学生积极参与其中	257	88.62%
D. 学生分组，合作学习，教师辅导	170	58.62%
E. 提供现成的教学指南、教学内容和配套课件	128	44.14%
F. 加强对课堂节奏的把握和管理	161	55.52%
G. 其他	10	3.45%
本题有效填写人次	290	

提高课堂效率的方法有很多，主要包括以下几个方面：结合实际，从学生身边的事物引入新知，提高学生兴趣占90.69%；采用游戏教学模式，让学生积极参与其中占88.62%；学生分组，合作学习，教师辅导占58.62%；加强对课堂节奏的把握和管理占55.52%。

五、教师培训与教学方法

（一）我有许多机会提高自己的业务水平［单选题］

选项	小计	比例
A. 完全不符合	15	5.17%
B. 大部分不符合	53	18.28%
C. 不确定	65	22.41%
D. 大部分符合	124	42.76%
E. 完全符合	33	11.38%
本题有效填写人次	290	

认为有许多机会提高自己业务水平，大部分符合占42.76%，完全符合占11.38%，两项合计54.14%，大部分不符合仅占18.28%，说明近年来国家对特殊教育越来越重视，大部分教师参加培训学习的机会和渠道越来越多，真正体现了"不怕你不会，最怕你不学"的教师培训思路。

（二）我对学校开展教学科研活动感到满意［单选题］

选项	小计	比例
A. 完全不符合	10	3.45%
B. 大部分不符合	31	10.69%
C. 不确定	57	19.66%
D. 大部分符合	134	46.20%
E. 完全符合	58	20.00%
本题有效填写人次	290	

教师对学校开展教学科研活动感到满意，完全符合占20.00%，大部分符合占46.20%，两项合计66.20%；完全不符合占3.45%，大部分不符合占10.69%，说明近年来教师对学校开展教学科研的满意度较高。

（三）我总想丰富课堂教学的形式，创新教学模式，实现教学社会化、生活化，但又怕会出安全事故［单选题］

选项	小计	比例
A. 完全不符合	13	4.49%
B. 大部分不符合	40	13.79%
C. 不确定	38	13.10%
D. 大部分符合	170	58.62%
E. 完全符合	29	10.00%
本题有效填写人次	290	

调查中发现总想丰富课堂教学的形式，创新教学模式，实现教学社会化、生活化，但又怕会出安全事故，大部分符合占58.62%，完全符合占10.00%，两项合计占68.62%，说明大部分教师对丰富课堂教学的形式，创新教学模式，实现教学社会化、生活化还是有期待的，但又对安全方面有较多的顾虑和担心，因此需要教师在施行社会化、生活化教学中做好安全教育和应急预案。

（四）您常用的教学方法是［多选题］

选项	小计	比例
A. 讲授法	252	86.90%
B. 任务驱动法	117	40.34%
C. 项目学习法	79	27.24%
D. 范例教学法	214	73.79%
E. 讨论法	82	28.28%
F. 游戏法	248	85.52%
G. 练习法	223	76.90%
H. 其他	14	4.83%
本题有效填写人次	290	

教师在教学中常用的教学方法，排前四名的分别是：讲授法占86.90%，游戏法占85.52%，练习法占76.90%，范例教学法占73.79%，说明教师在培智课堂教学中根据实际选择适当的教学方法，除了传统的讲授法以外，还结合培智学生的身心特点，选择游戏法、练习法和范例教学法，以提高教学有效性。

（五）您认为在教学中，最需要改变的是［多选题］

选项	小计	比例
A. 媒体手段与方法	111	38.28%
B. 学生不很配合	86	29.66%
C. 提高自身教学与康复技能	206	71.03%
D. 教材	72	24.83%
E. 开发课程资源	103	35.52%
本题有效填写人次	290	

在教学中，教师认为最需要改变的前三名依次是：提高自身教学与康复技能占71.03%，媒体手段与方法占38.28%，开发课程资源占35.52%，说明在整个教学过程中，教师的主导作用和自身素质的提升非常重要，使用媒体手段与方法、开发课程资源方面，都需要教师做出改变和加强。

（六）您经常使用的教学评价方式有［多选题］

选项	小计	比例
A. 实验操作评定	125	43.10%
B. 作品评定	153	52.76%
C. 课堂小测	149	51.38%
D. 各种学习活动表现评定	203	70.00%
E. 档案袋评价	72	24.83%
F. 教师评价	191	65.86%
G. 学生自评	61	21.03%
H. 学生互评	65	22.41%
本题有效填写人次	290	

教学评价方式有多种方式，但是教师经常使用的教学评价方式排在前三名的分别是：各种学习活动表现评定占70.00%，教师评价占65.86%，作品评定52.76%，因学生个体差异，应采用多元的评价方式。

（七）您认为对学生最有效的评价方式是［单选题］

选项	小计	比例
A. 学习成绩	6	2.07%
B. 学会实操	110	37.93%
C. 个别教育计划目标实现	153	52.76%
D. 教师评价	14	4.83%
E. 档案袋评价	7	2.41%
本题有效填写人次	290	

（八）您的学生如果学不进去，您认为最有可能的原因是什么［多选题］

选项	小计	比例
A. 家庭原因	171	58.97%
B. 教师原因	162	55.86%
C. 社会原因	68	23.45%

选项	小计	比例
D.学校（班级）制度原因	105	36.21%
E.学生个体原因	264	91.03%
本题有效填写人次	290	

学不进去，最有可能的原因有多方面，主要包括：学生个体原因（自身缺陷、智力因素等）、家庭原因（家庭背景、父母文化）、教师原因（能力、水平）和学校（班级）制度原因，说明家校合作、家校共育的重要性。

六、课程与教学资源

（一）您经常带领学生开展培智学生课（校）外实践活动吗［单选题］

选项	小计	比例
A.经常	33	11.38%
B.偶尔	210	72.41%
C.从不	47	16.21%
本题有效填写人次	290	

经常带领学生开展培智学生课（校）外实践活动仅占11.38%，偶尔带领学生开展培智学生课（校）外实践活动占72.41%，可以看出大部分教师还是以传统意义上的课内课堂教学为主，从不带领学生开展培智学生课（校）外实践活动占16.21%。

（二）您认为以下哪些可以成为培智课堂社会化教学资源的来源［多选题］

选项	小计	比例
A.校园	239	82.41%
B.公园	178	61.38%
C.社区	250	86.21%
D.商场	197	67.93%
E.特教教师	186	64.14%
F.学生	124	42.76%

选项	小计	比例
G.学生家长	190	65.52%
H.教学使用的教具、挂图	188	64.83%
I.培智教材及教学参考书、教材配套及网络检索到的课件	191	65.86%
J.自然环境	196	67.59%
本题有效填写人次	290	

　　调查中认为成为培智课堂社会化教学资源来源的前五位是：社区占86.21%；校园占82.41%；商场占67.93%；自然环境占67.59%；培智教材及教学参考书、教材配套及网络检索到的课件占65.86%。说明社区是社会功能的缩影，是社会化教学的重要资源；校园是课堂教学的主阵地；商场是生活中"柴米油盐酱醋茶"生活必需品的购置场所；自然环境是天然的课堂等，这些都是培智学生学习沟通与交往、社交与礼仪、认知与计算、热爱自然与生态环保非常重要的社会化教学资源。

（三）您任教的学校开设了以下哪些课程〔多选题〕

选项	小计	比例
A.地方课程	94	32.41%
B.校本课程	210	72.41%
C.新课标中的所有课程	75	25.86%
D.新课标中的部分课程	150	51.72%
E.包班制主题教学综合课程	159	54.83%
本题有效填写人次	290	

　　学校开设校本课程占72.41%，包班制主题教学综合课程占54.83%，新课标中的部分课程占51.72%，地方课程占32.41%，符合国家、地方、学校三级课程管理体制。我国在20世纪90年代中后期开始引入校本课程开发概念，2001年新一轮基础教育课程改革全面启动，教育部2016年颁布了《义务教育阶段培智学校新课程标准》，教材仅编到小学低年段，义务教育其余年段及高中阶段的教

材还没编写，从以上调查的数据来看，国家、地方、学校三级课程管理体制正处于上升发展期。

（四）您认为您所在学校的课程设置存在哪些问题〔多选题〕

选项	小计	比例
A. 课程开设不全面	144	49.66%
B. 部分课程没有很好地开展教学活动，形同虚设	164	56.55%
C. 偏重文化课的开设	115	39.66%
D. 课时安排不合理	55	18.97%
E. 其他	38	13.10%
本题有效填写人次	290	

调查中发现所在学校的课程设置存在以下问题：部分课程没有很好地开展教学活动，形同虚设，占56.55%；课程开设不全面占49.66%；偏重文化课的开设占39.66%。在培智学校中存在着课程表、安排表好看，却无实际教学内容规划，缺乏实效性，形同虚设。

（五）您认为学校在课程开发方面〔多选题〕

选项	小计	比例
A. 缺乏重视，敷衍了事	44	15.17%
B. 没有考虑学生的实际和发展需要	94	32.41%
C. 能力不足，开发出的教材质量不高	156	53.79%
D. 没有进行课程开发	70	24.14%
E. 其他	83	28.62%
本题有效填写人次	290	

在学校课程开发方面，能力不足，开发出的教材质量不高占53.79%；没有考虑学生的实际和发展需要占32.41%，没有进行课程开发占24.14%。说明在课程开发方面，需要专家对学校进行指导和专业培训。

（六）您的学校开设的培智职业技术课程有[多选题]

选项	小计	比例
A. 汽车美容	111	38.28%
B. 烹饪（餐饮）	186	64.14%
C. 面点制作	138	47.59%
D. 衣物清洗（或干洗）	78	26.90%
E. 客房服务	101	34.83%
F. 其他（请注明课程名称）	26	8.97%
G. 无职业技术课程，原因____	75	25.86%
本题有效填写人次	290	

学校开设的培智职业技术课程中，烹饪（餐饮）专业居多，占64.14%；面点制作排第二，占47.59%；汽车美容占38.28%；客房服务占34.83%；无职业技术课程占25.86%，跟学校是义务教育阶段的新学校以文化课为主和对职业教育的重视程度也有很大关系。

（七）您在教学准备中有没有对社会化教学资源做一些收集与分类[多选题]

选项	小计	比例
A. 很少进行分类	85	29.31%
B. 往往收集网络等地方的课件，适当加以改造	202	69.66%
C. 建立了专门的素材资源库进行归类存档，以便于教学准备时使用	117	40.34%
本题有效填写人次	290	

对社会化教学资源进行收集与分类情况：收集网络等地方的课件，适当加以改造占69.66%，这种方式是大多数教师采取的办法，优点是可以快速完成课件，缺点是教师在创新方面不能较好体现。

七、对社会化课堂的认知与理解

（一）您认为社会化课堂开展具有可行性［单选题］

选项	小计	比例
A. 非常符合	104	35.86%
B. 基本符合	131	45.17%
C. 不太确定	53	18.28%
D. 较不符合	2	0.69%
E. 很不符合	0	0
本题有效填写人次	290	

认为社会化课堂开展具有可行性，非常符合占35.86%，基本符合占45.17%，说明特殊教育老师对社会化课堂开展具有可行性认可度较高，认同的占81.03%，不太确定占18.28%。

（二）您非常赞同在培智学校开展社会化课堂［单选题］

选项	小计	比例
A. 非常符合	127	43.79%
B. 基本符合	132	45.52%
C. 一般	28	9.66%
D. 不太符合	3	1.03%
E. 很不符合	0	0
本题有效填写人次	290	

赞同在培智学校开展社会化课堂，非常符合占43.79%，基本符合占45.52%，一般占9.66%，赞同在培智学校开展社会化课堂的占89.31%，占比较高，为在培智学校开展社会化课堂提供了基础。

（三）您了解社会化课堂的定义及开展方法［单选题］

选项	小计	比例
A. 非常符合	45	15.52%

续　表

选项	小计	比例
B. 基本符合	117	40.34%
C. 一般	101	34.83%
D. 不太符合	26	8.97%
E. 很不符合	1	0.34%
本题有效填写人次	290	

　　了解社会化课堂的定义及开展方法，非常符合和基本符合的占55.86%，一般占34.83%，说明大部分特教老师了解社会化课堂的定义及开展方法，也有一部分特教老师不是特别了解，因此今后要加强培训工作。

（四）如果开展社会化课堂，您所在学校具备一定的条件〔单选题〕

选项	小计	比例
A. 非常符合	37	12.76%
B. 基本符合	121	41.72%
C. 一般	92	31.72%
D. 不太符合	38	13.1%
E. 很不符合	2	0.69%
本题有效填写人次	290	

　　开展社会化课堂，您所在学校具备一定的条件，非常符合、基本符合和一般共占86.20%，说明大部分学校具备开展社会化课堂的基本条件。

（五）您认为如果学校开展社会化课堂，是否需要有实施方案〔单选题〕

选项	小计	比例
A. 必须要有，方可顺利进行	243	83.79%
B. 最好有方案，没有问题也不大	41	14.14%
C. 无所谓，有没有都没关系	5	1.72%
D. 没必要	1	0.35%
本题有效填写人次	290	

如果学校开展社会化课堂，是否需要有实施方案，认为：必须要有，方可顺利进行占83.79%；最好有方案，没有问题也不大占14.14%。符合"凡事预则立，不预则废"的理念，说明做任何事情，事前有准备就可以成功，没有准备就会失败的道理。

（六）您参加过关于社会化课堂方面的培训 [单选题]

选项	小计	比例
A. 经常参加	15	5.17%
B. 参加过，但不是很多	83	28.62%
C. 偶尔参加过	78	26.90%
D. 从来没有参加过	114	39.31%
本题有效填写人次	290	

关于社会化课堂方面的培训，经常参加占5.17%；参加过，但不是很多和偶尔参加过占55.52%；从来没有参加过占39.31%，说明大部分老师没有参加过关于社会化课堂方面的培训。

八、实施社会化课堂教学的基础

（一）教师对社会化课堂的认同度比较高

赞同在培智学校开展社会化课堂非常符合占43.79%，基本符合占45.52%，一般9.66%，赞同在培智学校开展社会化课堂的占89.31%，占比较高，为在培智学校开展社会化课堂提供了基础。调查中绝大部分老师都能采用不同方法进行课堂教学，非常符合和符合的共有97.93%，教师工作的积极性比较高，对社会化课堂的研究比较有利，能够依据需要，积极探索，适度使用不同方法来进行课堂教学，态度正面，认识到位。参加此次调查的老师认为，培智教育应着重让学生学习的内容是生活技能，教会培智学生学会生活，掌握生活技能。高中阶段要学习就业技能。最终让培智学生回归社会并发挥自己的才能，做一些力所能及的事，如洗碗、扫地等。认为社会化课堂开展具有可行性，非常符合占35.86%，基本符合占45.17%，说明特殊教育老师对社会化课堂开展具有可行性认可度较高，认同的占81.03%，不太确定的占18.28%。

（二）培智学生的身心特点更适合社会化课堂教学

学生能积极配合教师的教学工作，完全符合占5.52%，大部分符合占57.93%，培智学生由于身心特点的特殊性，完全能积极配合教师的只有极少数，当然也有近六成学生能够在教师的引导下可以有限度地配合教师的教学工作。课堂中培智学生表现前三位的依次是：学生表现一般占38.62%；个别学生基本无反应占26.90%；很活跃，积极性高占24.82%。说明课堂中表现一般和基本无反应是常态。

（三）学校与社会为培智课堂社会化教学提供了丰富的资源

调查中认为成为培智课堂社会化教学资源来源的前五位是：社区占86.21%；校园占82.41%；商场占67.93%；自然环境占67.59%；培智教材及教学参考书、教材配套及网络检索到的课件占65.86%。说明社区是社会功能的缩影，是社会化教学的重要资源；校园是课堂教学的主阵地；商场是生活中"柴米油盐酱醋茶"生活必需品的购置场所；自然环境是天然的课堂等，这些都是培智学生学习沟通与交往、社交与礼仪、认知与计算、热爱自然与生态环保非常重要的社会化教学资源。开展社会化课堂，所在学校具备一定的条件，非常符合、基本符合和一般共占86.20%，说明大部分学校具备开展社会化课堂的基本条件。

（四）教师对学校开展教学科研活动满意度较高

调查中发现教师对学校开展教学科研活动感到满意，完全符合占20.00%，大部分符合占46.20%，两项合计66.20%。不确定占19.66%；完全不符合占3.45%；大部分不符合占10.69%，说明近年来教师对学校开展教学科研的满意度较高。

九、主要问题

（一）培智课堂教学存在效率低等问题

目前培智学校课堂教学存在的问题有：教学计划亟待完善；偏离学生实际，不利于教学活动的开展；课时量过多或过少；课时安排不合理。培智学生注意力不集中、有效学习时间不长，约为10分钟。课堂教学效率低，其原因有多方面，依次是：学生学习的主动性差、分层教学设计困难、没有教材等资源、教师没有根据全体同学制定准确的教案、教师知识与技能不够。

（二）教师自己的课堂教学的满意度不高

教师认为自己努力教书育人，但是教学的有效性却不尽如人意，有这一见解的老师约占一半，还有18.28%的老师不确定。必须引起高度重视，处理不好，将影响教师教育教学的成就感，长此以往，势必引起教师的职业倦怠，不利于教学和学校的发展，与此同时，可喜的是教师对自己的课堂有一定的求变意识、革新意识。培智学生学不进去的原因有多方面，主要包括：学生个体原因（自身缺陷、智力因素等）、家庭原因（家庭背景、父母文化）、教师原因（教学能力水平）和学校（班级）制度环境原因，说明家校合作、家校共育的重要性，教师经常使用的教学评价方式有：各种学习活动表现评定、教师评价、作品评定、课堂小测等，对学生最有效的评价方式有：个别教育计划目标实现、学会实操。

（三）教师杂事多，难以静心安心教学

特殊学校教师工作琐碎、重复太多，让人心烦，大部分不符合占35.17%，完全不符合占14.14%，大部分不符合和完全不符合共占49.31%，这说明有近一半老师能够以积极的心态面对特殊学校教学工作的琐碎与重复。大部分符合占31.72%，完全符合占3.45%，不确定占15.52%，三项合计占50.69%，过半特殊学校教师认为工作琐碎、重复太多，让人心烦，显示要重视建立教师工作的机制、教学的方法，同时要加强教师心理疏导，引导教师向积极、向上和正向方面发展。

（四）教师基于安全的考虑，影响了社会化课堂的实施

调查中发现教师总想丰富课堂教学的形式，创新教学模式，实现教学社会化、生活化，但又怕会出安全事故，大部分符合占58.62%，完全符合占10.00%，两项合计占68.62%，说明大部分老师对丰富课堂教学的形式，创新教学模式，实现教学社会化、生活化还是有期待的，但又对安全方面有较多的顾虑和担心，因此需要教师在施行社会化、生活化教学中做好安全教育和应急预案。

十、建议对策

（一）完善课堂教学的制度

课堂教学是教学的基本形式，是各教学环节的关键部分。管理好课堂教学对提高教学质量，对培养身心健康、自食其力的培智学生，有极其重要的意

义。教师课堂上有热情、有感染力、精神饱满，能吸引学生注意力，做到循序渐进，层次分明，一生一案，实施个别化教育。

（二）加大科学设置课程与合理开发教学资源力度

课程通常是直接面向社会生活和自然的。课程资源主要分为隐性课程资源和显性课程资源；依据物理特性和呈现方式，课程资源主要分为信息化资源、活动资源、实物资源和文字资源；依据性质，课程资源可以分为社会课程资源、自然课程资源；依据来源，课程资源可以分为网络课程资源、校外课程资源和校内课程资源。通过这些分类可以看出，人们对课程资源认识的广度和深度，这也在一定程度上说明课程资源的丰富性和多样性。校园课程资源是一种最便利的课程资源，它涵盖了校园内的活动、工具、设施、材料、人力等诸多教学资源，是教师必须予以重视和大力开发的重要课程资源之一。

课程本身就存在于学校、社会生活和家庭等各个方面，没有明确的边界。要想保证课程的教学实效性，教师必须要做好课程资源的开发和利用工作，从科学教材资源、课堂生成资源、校园课程资源、校外课程资源等多个方面进行开发和利用，为科学课程的教学提供强有力的支撑，确保科学教学取得预期效果。

（三）加强教师课堂教学能力的培训

教师对于课堂教学的组织、驾驭能力，是完成教学任务、实现教育目的的根本保证。因此，提高教师控制课堂教学的能力，是提高课堂教学质量的关键所在。调查中发现大部分教师认为社会化课堂开展具有可行性，关于社会化课堂方面的培训，经常参加占5.17%；参加过，但不是很多和偶尔参加过占55.52%；从来没有参加过占39.31%，说明大部分老师没有参加过关于社会化课堂方面的培训。

（四）进一步拓宽课堂教学的渠道

围绕教学社会化、生活化的理念展开教学，是培智课堂教学有效性的主要渠道之一。社区是学生们除了学校和家庭之外接触最多的一个场所，也是最有趣、最广泛、最适合带学生感受科学魅力和潜力的良好平台。特别是一些临近郊区的地方，附近有一些养鸡场、果园、工厂、农田等，教师可以利用周末或节假日带学生去参观，让学生充分亲近大自然，了解自己身边的环境，观察工人们是如何辛勤劳动的，农民们是如何插秧、灌溉和收割的，让学生学会摘水果，养小鸡，这些对学生的成长有着巨大的、潜移默化的影响。除此之外，教师还可以带领学生去市区的海洋世界、科技馆、博物馆、图书馆等场所，这些都是可以进一步开发和利用的校外课程资源，能够帮助学生形成良好的世界观和科学观。

（五）遵循的教学原则

1. 安全原则

教师在教学过程中应充分考虑活动形式及教学环境的安全性，并要自始至终预防和制止学生的危险行为。

2. 直观教学原则

教师提供生动的情境，学生通过动脑动手达到学习目的。

3. 具体动作思维原则

教师通过具体动作来表达教学内容，学生通过具体动作完成任务，以调动学生的动作思维。

4. 小步子原则

教师将教学目标分解至学生可操作的水平，并将目标隐藏在教学活动当中，保证学生每一次学习都成功，获得成功的体验。

5. 操作性原则

教师围绕教学目标，设计能让学生建立明确任务的情境，使学生能主动发现和操作（含思维的操作和具体动作的操作），形成自我强化。

6. 练习原则

教师通过变式的设计和重复练习的教学要求，让学生加强练习，形成生活经验。

（六）家校共育，开放课堂，家长与孩子共成长

特殊教育要回归主流，就必须打开校门，走出去，开展亲子互动实践活动，给培智学生提供户外参观、学习、探索、交流、实践的机会，让同学们感受季节的变化，捕捉春的气息、探索春天的秘密、感受大自然的美。请进来，让特校课堂向家长开放，家长进班听课，与孩子共同成长。和普校的学生一样，培智学生也需要家长的陪伴，但陪伴不是包办，不是溺爱，而是参与教育，是家长的再学习，与孩子共成长。怎样让家长了解教育、参与教育、支持教育、监督教育、提高家长教养能力？实施家长进班级"开放课堂"听课制度是有效的形式之一。

社会化课堂就是开放课堂，开放课堂不是无序、随意地自由开放。学校根据家长个人意愿，以及结合学校的实际，每班每学期安排一次家长进班级听课，并积极参加亲子互动活动，同时对班级教育教学进行督查，提出合理的建议。

《新课标背景下培智教育社会化课堂的
实践研究》课题成果公报

惠州市特殊学校　李志毅

一、课题研究的指导思想、理论基础

（一）指导思想

遵循学生的认知发展规律，培养学生的社会适应能力，成为社会的有用公民。

（二）理论基础

美国著名教育家杜威提出："教育即生活，学校即社会。"我国著名教育家陶行知先生又指出："社会即学校，生活即教育。"本课题把以上两位教育家的理论作为研究的基础。

二、课题研究的主要内容和研究方法

（一）主要内容

聚焦课堂，提高培智课堂教学质量，把培智学生所学的学科知识和技能进行有效迁移，解决不能适应社会生活的实际问题。

（二）研究方法

行动研究法：本课题的主要研究方法。对培智学生平时的学习、生活、行为表现进行观察，观察其心理变化。根据培智儿童的身心特点，针对当前培智学生的现状，制定培智教育社会化课堂的目标、内容和方法。

调查法：通过调查，了解目前培智学生学习和生活现状，尤其是课堂教学中存在的问题，以便更精准地做研究。

文献资料法：查阅特殊教育中有关培智课堂的资料，进行综合分析，寻求理论与实践创新。

案例研究法：一是研究不同类别学生社会化教学的效果案例；二是研究能够体现教学效果的课例。

三、课题研究取得的主要成果

（一）开发了新课标背景下培智教育社会化课堂教材、教案及实践活动设计

1. 教材

在《培智学校义务教育课程标准（2016年版）》（以下简称"新课标"）的指导下，编写了社会化教材，为特殊教育学校的校本教材提供了较好的教材选择，对建立社会化课堂教学模式产生积极的意义。

2. 教学设计

在新课标的指引下，在撰写教学设计中，重视植入社会化课堂的理念，完成了教学设计、教学反思80篇。

3. 实践活动设计

根据培智学生和学校的实际情况，结合教育社会化课堂的实践研究，拟订了实践活动设计方案20个。

（二）构建了新课标背景下培智教育社会化课堂的四个模式

1. 四环教育社会化课堂模式：激趣—创境—疏导—演示

一是激趣，兴趣是最好的老师。为了让培智学生得到社会实践训练，培养培智学生社会实践能力，在日常教学中，需要以学生兴趣为基础，给学生创建不同的教学活动，如才艺展示、合唱比赛等，以及利用课余时间，让学生收集一些实际生活中的广告牌、路牌等信息，开展一系列实践活动等。

二是创境，创设生活情境和准社会化的环境，增强交往和适应能力。培智学生由于自身障碍限制了其与外界环境系统的沟通和互动，在传统课堂上学到的知识与技能不能很好地迁移到真实的社会生活中去，学校或教育系统内部为这些学生所创设的生活情境或准社会化的环境是有限的，难以实现高效课堂。在实际教学过程中，教师需要给予学生正确引导，适当地"逼"一下培智学生，让其敢于踏出交流第一步。通过这种方法，能够让培智学生的交际能力得到进一步加强。

三是疏导，通过心理疏导培养学生阳光自信的良好品质。培智学生在丰

富的教学环境中，通过亲身参与，感受比赛氛围，克服内心的恐惧和胆怯，敢于和他人交流。在活动过程中，不可把活动内容停留在书本上，需要对其进行适当扩展，让学生在丰富的教学活动中掌握更多社会实践技巧。为了对学生的认知能力、记忆能力进行锻炼，在实际教学过程中，教师可以把和生活相关的内容融入其中，通过给学生创建生活化教学情境，把教学内容延伸到实际生活中，结合实际，对培智学生生活自理能力进行锻炼和培养。

四是演示，利用情境演示，让教学更直观生动。教师可以给学生安排不同的角色，通过角色扮演，完成教学任务。在实际教学中，通常学生会对教材中的角色产生混淆状况，这时教师在安排学生不同角色时，需要引导学生对角色性格和特点有充分了解，这样不但能让学生了解角色，还能将角色的语言、形态通过表演的方式进行展现。通过这种方法，不但能够便于学生对文章内容有充分了解，同时也能让学生在表演过程中提高交流和配合能力。

2. 模拟教育社会化课堂模式

一是模拟生活场景。"生活即教育"，生活处处是教育，生活具有教育的意义，具体教育的作用；生活决定了教育，教育不能脱离生活；"生活即教育"是对传统教育脱离实际、脱离生活的批判。为了对学生的认知能力、记忆能力进行锻炼，在实际教学过程中，教师可以把和生活相关的内容融入其中，通过给学生创建生活化教学情境，把教学内容延伸到实际生活中，结合实际，对培智学生生活自理能力进行锻炼和培养。例如，向学生讲述元、角、分之间的转换关系。部分学生即便学习几年，也不能正确完成人民币换算，真正接触人民币以后，不懂得如何使用。所以，教师可以给学生创建生活情境，如到超市采购，给学生分配不同的角色，让学生正确使用人民币，为学生今后步入社会奠定基础。

二是模拟社会职业情境。"社会即学校"，社会作为最好的课题，所有教学内容都要结合社会，不可脱离社会。对于培智学校来说，在开展教育活动时，更好结合社会实际，服务社会。例如，清洁工作是培智学生主要就业方向。对于清洁流程来说，其专业性和义务制教学劳动技巧培训课程在本质上存在一定差别，在形式上要求学生配备专业的清洁工具，掌握正确的清洁技巧，从意识上严格要求自己，通过标准化教学，让学生掌握基本社会生存技巧。要创设职教氛围，让校园处处能育人，在实际教学过程中，学校需要给学生设置活动区域，并在活动区域内摆放一些学习道具，创建一些满足教学要求的情境教室，建设家政室、洗车中心、客服服务、洗衣房、烘焙室等。模拟各类社会职业情境，包括：①参观学习。带领学生现场参观，参观生活用品商店或工厂企业等，让培智学生亲身感受体验。②情境模拟。指派实操任务，学校后勤部门可以扮演家政公司的角色，给学生安排一些清洁任务，提供清洁道具，从玻璃水喷洒到涂水器使用等整个过程都有严格要求。③角色扮演。从培智学校走出来的大部分学生都从事一些和服务相关的工作，如餐饮、清洁等劳动密集型工作，这就要求培智学校在进行职业教育时，加强对此部分内容的培训。为了能够给学生创建良好的学习环境，每次教学都设有对应的工作场所是不现实的，为了能够让学生快速进入对应的学习情境中，教师可以通过角色扮演的方法来实现。④校企合作。推进培智学生职教实训和就业工作，加强校企合作，大力推进培智学生实习训练和就业工作是重中之重的工作。培智学生最终要离开校园，走向社会，不能将学校的教育与社会的实践割裂开来。培智学生职业高中教育的课程设置、教学内容、学习环境都要与社会实际相结合，着重培养培智学生的劳动技能和适应社会能力。

3. 主题教学社会化课堂模式

主题教学是指在一定的时间内围绕一个主题来组织教学活动。主题教学打破了学科之间的界限，将各种学习内容围绕一个主题有机地连接起来，让学习者通过该主题的教学活动，获得与主题有关的较为完整的经验。主题教学活动涉及生活语文、生活数学、生活适应等学科内容，同时涵盖了生活自理、沟通交往、社会适应、健康休闲等各方面的能力训练，主张"教学做合一"，通过主题教学可以实现学生各领域的发展，让学生构建知识，提高素养，实现教育的价值，达成自食其力、自强不息、残而有为，做社会有用之人。主题选择的主要方向如下。

一是结合学校例行活动或计划去确定主题。选择主题时，可以根据学生的需要及学生的IEP目标把学校例行活动作为主题，如校运会、艺术节等。

二是节日类的主题。每年的一些节日，我们也可以作为主题，如中秋节、元旦、国庆节等就可以直接作为主题，然后展开教学。

三是以季节或时间为主题，如一年四季可以作为主题，"美丽的春天""多彩的秋天""冬天来了"等；还可以从时间来考虑，如"快乐的九月""光辉十月"等，也是可以作为教学主题的。

四是以本土文化内容为主题。不同地方都可以结合当地的本土文化设计教学主题，然后从衣食住行去考虑具体教学内容。比如，对于"美丽惠州"主题，就可以分为"住在惠州、吃在惠州、游在惠州"等子主题。

五是从日常生活中选材作为主题。除了以上几项，还有很多其他内容也是可以作为主题的，只要贴近生活实际，符合学生实际，学生容易接触和理解的，都可以作为主题。如"快乐的生日会""我是劳动小能手"等，只要符合学生的年龄特点、兴趣，且具有功能性，就可以作为主题。

4. 家校共育社会化课堂模式

家庭是儿童最早置身的环境，家长是儿童的第一任老师，所以家长和儿童的联系最紧密、最持久；学校是对儿童进行教育的场所，教师是对儿童进行教育的专职人员，相对于与其他社会环境的关系，家庭和学校间的联系无疑更密切。因为特殊儿童的障碍类别和障碍程度各有不同，与普通学校相比，特殊学校的教师和家长承受的压力更大，面临的挑战更多，所以家校之间更需要形成合力来最大限度地发挥特殊儿童的潜能，提高他们的学习及生活技能。

一是共建家委会，让家校共育更有保障。家委会在学校的领导下实行民主监督制，制度规范化、内容具体化，做到家委会工作常态化、主动化。特殊学校家校共育有效联动机制很重要。家长在家校共育中的地位应得到尊重，学校应尊重其主体权利，与家长平等对话，积极协商，解决教育教学问题，实现家庭教育、学校教育的共同发展。

二是开放课堂，家长与孩子共成长。特殊学校要以开放的姿态打开校门，让特殊学校的课堂向家长开放，家长进班听课，与孩子共同成长。和普通学校的学生一样，培智学生也需要家长的陪伴，但陪伴不是包办，不是溺爱，而是参与教育，是家长的再学习，与孩子共成长。动员家长积极参加亲子互动活动，同时对班级教育教学进行督查，提出合理的建议。

三是开展亲子互动实践活动。春天是引导培智学生探索周围事物和景象变化的好时机，也正是学生领略大自然美好风光的大好季节。为了让学生感受春天植物的变化，感受大自然的美、捕捉春的气息、探索春天的秘密，也为了给学生提供户外观察、探索、实践、参观的机会，教师可以开展"体验春天，亲近自然"的主题活动。培智学生在家长的带领下，在家的附近寻找春天的气息。

四是利用新媒体促进家长和教师的沟通。新形式的家校合作并非传统观念上的合作，更多的是和家长互相影响、讨论、了解、鼓励，从而建立真正的伙伴关系。不以学生之名强求家长配合工作，这就需要在家校沟通的方式上有更多的途径。成功的教育是离不开家庭与学校的共同努力的。教师还可以积极利用微信群与培智学生的家长沟通班级动态及学生情况，每学期都会定期召开家长会，总结班级近况，与家长面对面进行班级管理和学生教育方式方法的交流，并邀请家长观摩教师的课堂教学。

（三）课题新的论点

社会化课堂有利于培智儿童"回归主流"。马克思认为，"人的本质并不是单个人所固有的抽象物，在其现实性上，它是一切社会关系的总和"。由于心培智碍致使培智学生的智力发展、情绪行为和言语沟通等方面与社会规范期待的"社会人"有一定的差距，在执行教学、任务、命令和指示等方面，无法较好互动和独立完成，依赖性较强，自信心不足，有时候还我行我素，这些都不符合人的社会属性的要求和规范。为此，培智学生难以像正常儿童那样，在社会生活、居家生活和教育教学中完成广义教育所要求的基本目标。从不同的发展水平出发，使用合乎人性的训练方法，是能够将培智学生培养成遵守社会规范、生活自理的"人"，甚至发展出具有自我特征的物质生活领域的处理能力和不同层次水平的精神领域生活的能力。

综上所述，我们认为，培智教育的目标是要经过教育，使之成为"社会人"。

社会化课堂提高了学生学习的积极性和主动性。社会化课堂的教学内容源于社会生活，基于学生的生活实际，有利于提高培智学生学习的积极性和主动性。教师在教学中注重创设社会生活情境，改变传统的教师讲、学生听的灌输模式，形成师生互动、生生互动的自主探索模式；教学内容从易到难，降低坡度，起点低，复习回顾多，重点处放慢速度，及时释疑；教法上运用学生分层、目标分层、课堂分层、练习和作业分层、测评分层、激励分层等一系列措施，充分考虑培智学生身心障碍的实际情况，分类推进，因材施教。这样会使培智学生采取积极进取态度，主动学习，积极参与，改变对原有的厌学态度，提高他们的学习兴趣，进一步使培智学生更加积极主动地学习，形成良性循环。

社会化课堂有利于发掘学生的潜能，将培智学生教育训练为一个社会可以接受的"人"完全是有可行性和现实性的。培智学生有一定的残余智力，利用残余智力，他们可能习得一些知识和技能。他们极少的动作、技能和知识都是在残余智力下后天习得发展起来的，其中最为突出的是他们能够说话。言语是一项高级的心理活动和表达，有复杂的生理、心理过程。培智学生能够习得简单的言语，说明他们的残余智力是客观存在的，而且能够支持一定的学习活动。培智学生可以学到简单的动作、技能和知识，形成人际的互动、服从、合作等反应模式，进而发展出社会所认可、接纳的基本人性及自我意识。

社会化课堂验证了教育的本质和丰富了教育的内涵。让特殊孩子不再特殊，这是特教老师对包括培智孩子在内的所有特殊孩子最美好的愿望。广义的教育是泛指人类的一切习得过程，可以认为是人的社会化过程，也就是个体人性化建立、发展的过程。狭义的教育是指有专门设计的学校教育，反映的是社会对已经基本形成人性的个体的更高、更理想的要求。以普教为例，进入小学一年级的儿童必须形成在这个年龄阶段被社会所认可的"人性"，否则，学校和社会都不会接纳他。反过来，在广义教育中所要求的更高的"人性"需要，如理性的发展、抽象知识的学习、纯粹价值观的追求，就要靠有专门设计的学校来完成。

（四）突破性进展情况

完善与改进培智课程结构和课程内容，通过研究、实践、积累和总结适宜培智学校学生的最优化的教学策略、途径、方法与运作模式。

提高教师开展"培智学生社会适应能力培养"的教学能力和水平，掌握基本方法和原则，提高"培智学生社会适应能力培养"教学的针对性和实效性。

切实提高培智学生的社会适应能力，使之成为"社会有用之人"。

四、研究成果推广的范围

结合当地特殊教育学校的实际和社会风俗习惯等情况，本课题研究成果的推广范围主要是惠州市辖各县区，包括惠城区、惠阳区、惠东县、博罗县、龙门县等区县的特殊教育学校。

五、研究成果取得的社会效益

（一）从社会需要的角度出发

教育促进人的社会化是指教育的目的是强调人是社会的产物，教育就是使受教育者成为社会需要的人，主张受教育者掌握社会的知识和规范，适应社会生活需要。正如我校校训：学会求知，学会生存，做社会有用人。

（二）从学校教学改革的需要出发

《培智学校义务教育课程标准（2016年版）》为培智学校学生专门制定了

一整套系统的学习标准，本课题的研究是对该标准进一步贯彻落实、执行细化，提升了特殊教育质量、办好特殊教育、促进教育公平，具有特殊的重要意义。

（三）从个体差异的角度出发

以人为本、因材施教是解决培智学生个体差异的关键，教育促进人的个性化是从个人自身发展的需要，根据人的本性的需要来确定教育目的，培养个人的价值，注重人的身心和谐发展，使受教育者的本性、个性得到发展。针对学生的个体差异主张培智课堂教学做到因材施教、个别化教育和一生一案。

六、尚待研究的主要理论与实际问题

（1）社会化课堂实践模式的构建与各地社会规范、生活习惯、民风民俗等有机地结合起来。

（2）社会化课堂实践模式的构建与学校安全管理工作，尤其是课外、校外活动有效结合、无缝对接。

以上两个问题都是尚待进一步研究的主要理论与实际问题。

参考文献

王志超，梁敏仪.中度培智儿童教育人性化课程系列教材：社会化综合课程［M］.北京：科学出版社，2018.

新课标背景下培智教育社会化课堂的实践研究

惠州市特殊学校　李志毅

一、创设生活情境和准社会化的环境，增强交往和适应能力

　　培智学生由于自身障碍限制了其与外界环境系统的沟通和互动，在传统课堂上学到的知识与技能不能很好地迁移到真实的社会生活中，学校或教育系统内部为这些学生所创设的生活情境或准社会化的环境是有限的，难以实现高效课堂。在实际教学过程中，教师需要给予学生正确引导，适当地"逼"一下培智学生，让其敢于踏出交流第一步。通过这种方法，能够让培智学生的交际能力得到进一步加强。为了调动培智学生参与积极性，提高培智学生学习自信心，在实践活动教学过程中，教师需要积极和学生交流，对学生内心情感有充分了解，给学生创建良好的交流环境。例如，在教学过程中，为了培养学生交流能力，可以将不同的学生划分成各个小组，利用小组合作学习方法，学生以小组为单位进行问题讨论和学习。在学习刚开始过程中，部分学生就会感到十分害羞，不愿意与他人交流。这时，教师需要深入每个小组，为学生做示范，一同和学生交流探讨，让学生能够自主地表达自己的想法和意见，通过多次实践交流，让学生养成交流习惯，敢于张嘴。与此同时，培智学生在和其他学生交流过程中，能够感受到其他学生的认可，培养学生学习自信心，锻炼学生交流能力。由此可知，语文实践课程创建，对提高培智学生的口语交际能力有着重要作用。

二、丰富教学活动，克服心理障碍

　　为了让培智学生得到社会实践训练，培养培智学生社会实践能力，在日常教学中，需要以学生兴趣为基础，给学生创建不同的教学活动，如才艺展示、

合唱比赛等。培智学生在丰富的教学环境中，通过亲自参与，感受比赛氛围，克服内心的恐惧和胆怯，敢于和他人交流。所以，语文教师在活动过程中，不可把活动内容停留在书本上，需要对其进行适当扩展，让学生在丰富的教学活动中掌握更多社会实践技巧。为了对学生的认知能力、记忆能力进行锻炼，在实际教学过程中，教师可以把和生活相关的内容融入其中，通过给学生创建生活化教学情境，把教学内容延伸到实际生活中，结合实际，对培智学生的生活自理能力进行锻炼和培养。例如，向学生讲述元、角、分之间的转换关系。部分学生即便学习几年，也不能正确完成人民币换算，真正接触人民币以后，不懂得如何使用。所以，教师可以给学生创建生活情境，如到超市采购，给学生分配不同的角色，让学生正确使用人民币，为学生今后步入社会奠定基础。

三、鼓励学生动手操作，培养学习的兴趣

为了提高学习趣味性，让培智学生掌握更多的知识，在实际教学过程中，可以利用课余时间，让学生收集一些实际生活中的广告牌、路牌等信息，开展一系列实践活动。在此过程中，学生将会遇到一些不熟悉的字，这时教师可以安排学生通过自己查字典或请教老师，了解生词含义，循序渐进，让学生学习更多的知识。联系身边学习资源，提高学生识字能力，通过这种方法，能够培养学生良好的学习习惯，让学生感受到学习的魅力，从此真正爱上学习。

四、利用情境演示，让教学更直观生动

在生活语文教学中通常会产生多个角色，这时特教老师可以根据学生不同的特点安排不同的角色，通过角色扮演，沉浸体验，完成教学任务。在实际教学中，通常学生会对教材中的角色产生混淆状况，这时教师在给学生安排不同角色时，需要引导学生对角色性格和特点有充分了解，这样不但能够让学生了解角色，还能将角色语言形态通过表演的方法进行展现。这种教学方法，消耗时间比较长，但是获取的教学效果较为理想，特别是在口语表达上，能够对学生交际能力进行锻炼，提高学生语文素养。如在讲解《龟兔赛跑》时，在对教学内容有充分了解的情况下，让学生扮演猴子、小白兔、乌龟等角色，并提前给学生制作头饰，把小乌龟赢得比赛的心情和小白兔失利的心态进行表现。通过这种方法，不但便于学生对文章内容有充分了解，同时也让学生在表演过程中提高交流和配合能力。

五、联系社会实际，解决生活问题

在新课标中，提出把社会化生活当作教学核心，根据教材内容，结合实际生活，让两者巧妙结合，提高学生学习兴趣，获得理想教学效果。例如，在讲解"角的认识"知识点时，从制造学生比较熟悉的红领巾、五角星等物品入手，引导学生动脑思考，对教师提出的教学问题进行有效处理，如角有几个顶点、有几条边。在实际教学过程中，教师可以把学生划分成不同的小组，通过小组合作学习，总结知识点，让学生对讲解的知识有充分了解，真正感受知识在实际生活中的应用价值，加强和实际的联系，学会解决日常生活中遇到的问题。

六、结语

总而言之，在实际教学过程中，通过把社会生活知识融入其中，能够让学生在灵活多样的学习环境中掌握更多的知识，寓教于社会生活中，让学生在生活中学习，在社会中成长，培养学生实践操作能力，提高培智学生社会适应能力，为学生今后步入社会奠定基础。

参考文献

［1］乔艳丽.浅谈特殊教育学校的生活化语文教学［J］.黑河教育，2019（4）：65-66.

［2］任毓弢.培智学校生活数学课堂教学策略探讨［J］.基础教育论坛，2019（16）：55-56.

［3］梁吉利，傅王倩，李霞，等.培智学校义务教育综合课程改革探析——以北京市朝阳区安华学校为例［J］.现代特殊教育，2019（7）：14-17.

［4］王琳琳，刘晓静，王蕊.教育戏剧与培智学校职业教育［J］.现代特殊教育，2019（9）：19-24.

社会化——培智学校职业高中发展之路

惠州市特殊学校　李志毅

一、创设职教氛围，让校园处处能育人

对于学生来说，学校作为其主要活动场所，需要给学生提供大量的学习资源，其中包含教学课件制作、教学工具准备等。在实际教学过程中，学校需要给学生设置活动区域，并在活动区域内摆放一些学习道具，创建一些满足教学要求的情境教室，建设家政室、洗车中心、客服服务、洗衣房、烘焙室等。家庭也是学生学习社会知识的重要场所，学校需要将各个阶段的学习内容告知家长，在家长的高效配合下，让学生在放学后，把学校学习的内容在家庭中进行巩固，实现学生社会化发展。与此同时，学校需要邀请家长及时到学校参观，通过组织开展各种亲子活动，让家长能够掌握学生在学校内的整体状况，了解学生在学校中的表现。通过开展家长会、家访等活动，便于老师与家长交流，一同探讨教学方法，为家庭社会化实践活动开展提供方向。

二、模拟生活场景

社会需求的具体化是受教育者素质规范的总体要求。培智学生要走出校园，走向社会，不能把学校教育与社会实践分开。对于培智学校来说，在给培智学生设计教学内容时，需要把课程设置、教学内容和学习环境与社会实际相结合，注重培养学生的劳动技能和适应社会能力。日常活动是社会活动中不可或缺的一部分，在职业教育之前，需要给学生创建一些生活化情境，如模拟超市采购或者坐车等情境。例如，在超市购物中，学生通过学习的内容到超市采购自己所需的产品，让学生对产品价格、生产日期等有一定的认识，便于学生正确采购。在与陌生人交流的过程中，需要注意自己的言谈举止，强化学生的

实践意识。通过生活场景模拟，能够让培智学生顺利完成采购等工作，并且了解超市采购流程，培养学生的生活意识。坐车和超市采购体验大致相同，需要让学生走到对应的乘车场所，在此过程中，要求学生排好队；乘车时，需要投币，找到对应位置坐下；车停稳后，才能下车。通过反复实践，能够让学生独立完成基本生活活动，并遵守规章制度，保证自身安全。

三、模拟各类社会职业情境

社会作为最好的课题，所有教学内容都要结合社会，不可脱离社会。对于培智学校来说，在开展教育活动时，更要结合社会实际，服务社会。例如，清洁工作是培智学生主要的就业方向。对于清洁流程来说，其专业性和义务制教学劳动技巧培训课程，在本质上存在一定区别，在形式上要求学生配备专业的清洁工具，掌握正确的清洁技巧，从意识上严格要求自己，通过标准化教学，让学生掌握基本的社会生存技巧。

（一）带领学生现场参观

教师可以给学生创建不同的生活场景，选择一些适合学生理解和操作的实践项目，如擦玻璃。教师需要带领学生参观生活用品商店或者玻璃生产厂家，为学生认识擦玻璃工作提供条件。通过结合现实找具体的生活场景，让学生对擦玻璃有深入了解，学会比较分析，为今后的生活服务奠定基础。学生在一个放松的环境中对涂水器、玻璃刮刀等有充分认识，给后续课程开展做铺垫。

（二）情境模拟，指派实操任务

学校后勤部门可以扮演家政公司的角色，给学生安排一些清洁任务，提供清洁道具，对玻璃水喷洒、涂水器使用等整个过程都有严格要求。通过创设生活情境，安排专业保洁人员授课，教师在一旁引导的方式，调动学生学习兴趣，便于教学难点的突破，发挥资源优势，让学生掌握更多保洁技巧，对保洁工作有充分的认识，帮助学生顺利就业。

（三）角色扮演

从培智学校走出来的大部分学生都从事一些和服务相关的工作，如餐饮、清洁等劳动密集型工作，这就要求培智学校在进行职业教育时，加强对此部分内容的培训。为了给学生创建良好的学习环境，每次教学都设有对应的工作场所是不现实的，为了让学生快速进入对应的学习情境中，教师可以通过角色扮演的方法来实现。例如，在讲解关于餐饮方面知识时，教师可以给学生设定一个用餐场景，安排学生扮演不同的角色，如顾客、服务员等，并在角色扮演中进行语言、工作技巧的训练，通过这种方法，促进集体教学与个性化教学的结合，顺利完成教学目标。

（四）校企合作，推进培智学生职教实训和就业工作

培智学生最终要离开校园，走向社会，因此不能将学校的教育与社会的实践割裂开来。培智学生职业高中教育的课程设置、教学内容、学习环境都要与社会实际相结合，着重培养培智学生的劳动技能和适应社会能力。因此，加强校企合作，大力推进培智学生实习训练和就业工作是重中之重的工作。我校2019届培智职高首届毕业生10人中，4人安排了就业，就业形势喜人。

四、结语

总而言之，在培智学校中，通过采用情境教学和社会化教学方法，能够对一些注意力不集中、理解能力差的学生有一定帮助。为了让职业教育更具社会化，让培智学生正常工作和生活，在职业教育中，要将所学的文化知识和技能进行有效整合，以社会实践为蓝本，开设教育活动，学习为社会生活服务的必备常识，边教学边实践，把社会化内容融入其中，让学生掌握更多的基本技能，才不会遭到社会淘汰，促进培智学生的社会化健康发展。

参考文献

[1] 李霞.安华学校职业高中支持式职业教育课程模式的实践研究 [J].华夏教师，2019（25）：2-4.

[2] 赵小红，王雁.智力残疾学生职业高中教育支持体系研究 [J].教育研究，2018（11）：105-113.

[3] 赵小红.智力残疾人职业高中教育发展阶段特征探微 [J].中国特殊教育，2017（8）：37-43.

创设有效情境打造培智数学高效课堂

一、设置问题，创设问题式教学情境

教师可结合数学教材的内容，构建带着问题的情境，引起学生的思考与注意，提升学生对数学知识的学习兴趣与探索的欲望，使学生能发自内心地想要解决教师安排的学习任务，达到良好的课堂教学效果。下面以"认识时钟"方面的教学为例，钟表的表盘上有12个数字，学生理解12计时法还是比较容易的，但是很多培智学生不能有效理解24计时法。基于此，教师可以让学生先进行12时的计时法复习，并与同伴进行讨论。在巩固12计时法后，教师可以为学生展示《新闻联播》的画面，并暂停让学生说出大屏幕上表示的时间是几时几分；学生们纷纷回答19时，教师要进行合理的引导，提问学生："钟表上有19这个数字吗？如果没有，19时代表几点呢？时针与分针的指向是什么样的呢？"大部分学生都会产生疑问的心理，对教师提出的问题感兴趣。教师需要抓住学生的好奇心，激发其对数学知识的兴趣，以此形成良好的创新思维。教师设计需要探究的问题，并提出解决问题的方式，以高质量的探究问题为基础，激发学生的发散思维。探究问题要具备相应的趣味性，难度也要适中，还要满足学生的发展需求。教师要抓住时机，进行24计时法知识的传授，使学生能掌握更多的数学解题技巧，不断提升数学教学质量。

二、创设贴近生活的情境

随着新课程教学体系的不断创新与改革，数学知识与生活结合十分重要。利用创设与学生生活息息相关的教学情境，能保证学生合理地利用所学的数学知识。所以，教师在创设情境的过程中，要以生活中的点滴事件为基础，引导学生收集更多的学习资源。下面以学习"万以内数比大小"的课程为例，让学生比较3800和4200、1350和1380、3835和3265、1006和1009等。由于数字具有抽象性的特点，智力有障碍的学生本身对数字的感知就不强，更不用说自己比大小了。

为了保证学生能掌握数学知识，教师可以创设以下情境："我们之前学习了位数不同的数字比较大小的方法，那么如果两个数字的位数相同，应当采用什么方式比较呢？最近，老师就遇到了这样的问题，想要问问哪一名小朋友能帮老师解决这一问题？"教师接着说："老师家里想要购置一台电脑。"同时，利用多媒体设备，为学生展示两款电脑的图片。"这两款电脑的基本功能与质量都基本相似，但是价格存在一定的差异。老师想要你们帮我选择便宜的电脑。"并且为学生展示价格，让学生对3800元和4200元的大小进行比对。接下来教师引出，如果位数相同的两个数字进行大小的比对，需要先看最高位，最高位大的数更大；如果相同，就进行下一位的比较，一直比下去。通过比较得出3800＜4200。教师可以将学生们分为不同的小组，再引导其使用刚刚学习的比较数字大小的方式，为老师再选购一台电视机。教师为学生展示电视机的图片，价格为3835元和3265元。经过课堂实践锻炼的方式，引导学生掌握数学知识点。

三、创设游戏式教学情境

数学课程的教学内容本身就比较无趣、枯燥，学生学习起来比较吃力，教师也会感觉到压力很大，教学效果不佳。对于智力有障碍的学生来说，打造趣味性较强的教学情境十分重要，能吸引学生的注意力，使其能将重心放在教学活动中，逐步创设生动高效的培智学校数学课堂。为了提升整体的教学质量，缓解学生们与教师的压力，就可以引入游戏教学的模式，让学生能在游戏的过程中学习，并为课堂教学注入新的生机与活力，激发学生对数学知识的学习兴趣，打造出快乐的学习氛围。但是，其中最需要注意的问题就是，在设计游戏的过程中，教师应当结合教学内容的要求与基本特点，设计出学生都感兴趣的游戏。例如，在进行人民币知识的教学过程中，教师就可以用去超市购物的场景，开展课堂知识的教学活动，使学生能直观地了解到，在生活中购物属于必不可少的技能。只有系统化地学习了购物知识，并创设学生都喜欢的游戏，才能突破课堂教学的重难点。教师需要做好充足的课前准备工作，并准备教学所需的人民币，将不同的零食价格制作为标签，并放在柜子上，打造出一个商店的情境。在此过程中，学生们可以扮演买东西的顾客，而教师可以扮演售货员，让学生在模拟购物的同时，了解人民币的知识。在角色扮演的过程中，学生能得到良好的体验，并明确元、角、分的换算方式。在完成本章节的教学之后，学生能体会到数学学科十分有用，能提升学生的热情，并形成有效的数学经验。

四、结语

总而言之，在培智学校的数学教学过程中，建立良好的教学情境十分重要，能有效提高整体的教学效果，发挥出积极的教育作用。由于培智学生存在认知方面的问题，在学习数学这门较为抽象科目的时候，与普校的学生相比，会面临多方面的问题。所以，教师借助创设良好教学情境的方式，能激发培智学生学习数学知识的兴趣，使学生能将注意力放在课堂上，积极参与数学任务活动，为学生的全面发展奠定稳固基础。

参考文献

[1]李倩.培智课堂的有效教学策略——以"比大小"教学为例[J].绥化学院学报，2020（1）：74-76.

[2]肖书恒，张悦歆.培智学校的情境性教学探析[J].绥化学院学报，2020（1）：63-67.

[3]朱博文.如何构建培智数学生活化的高效课堂[J].教育现代化，2019（29）：243-244.

立德树人视野下特殊学校家校共育模式的构建

惠州市特殊学校 李志毅

为了落实立德树人的根本任务，全面贯彻党的教育方针，积极推动特殊学校的家校共育模式的构建是教师职责所在，家长的主体责任在家庭教育中得以体现，进一步发挥特殊学校在家庭教育建设中的促进和指导作用，以加快形成"家庭—学校—社会"三位一体的共育网络，推动家庭、学校、社会育人联动与配合，努力营造全社会都来重视家庭教育的良好氛围，促进特殊儿童的健康成长和全面发展。

一、特殊教育学校进行家校合作的重要性

（一）优势互补，扬长避短

从党的十七大"关心特殊教育"，到党的十八大"支持特殊教育"，再到党的十九大"办好特殊教育"，充分体现了特殊教育在国家发展过程中支持的力度逐年增强。儿童的第一任老师是家长，儿童最早置身的环境是家庭，因此儿童和家长的联系密不可分；学校是特殊儿童成长学习的重要场所，特校教师都是专业人员，相对于与其他社会环境的关系，学校和家庭间的联系无疑更密切。因为特殊儿童的障碍类别和障碍程度各有不同，与普通学校相比，特殊学校的教师和家长面临更多的挑战，承受更大的压力。因此，家校联动，形成合力才能最大限度地发挥特殊儿童的潜能，提高他们的学习及生活技能，提升特殊儿童的生活品质。

（二）法律护航，依法依规

《中华人民共和国教育法》第四十九条明确指出：学校、教师可以对学生家长提供家庭教育指导。2021年10月23日，全国人大通过了《中华人民共和国

家庭教育促进法》，对于如何进行家校合作有了法律层面的依据，为进一步推进家校合作、家校共育模式的探讨和创新提供了法律依据。

二、特殊学校家校共育模式的构建对策

（一）共建家委会，让家校共育更有保障

特殊学校成立家校共育领导组织，有专职分管校长、主任和家委会人员，设立专用办公室。采取学校、年级、班级家委会三级管理体制，实现了三级家委会建设民主选举。家委会在学校的领导下实行民主监督制，制度规范化、内容具体化，做到了家委会工作常态化、主动化。

特殊学校家校共育有效联动机制很重要。家长在家校共育中的地位应得到尊重，学校应尊重其主体权利，与家长平等对话，积极协商，解决教育教学问题，实现家庭教育、学校教育的共同发展。家校活动制度化主要细化为家长参与教学制度，家长参与教育制度，家长参与生活制度。请家长填写"家长学校课程调查问卷"，分年级部汇总，制定菜单式、个性化的家长课程专题内容；组织家长、教师、学生共同参加学校、班级有关活动，如升旗仪式、励志宣讲、亲子阅读会、我和爸妈共劳动体验、亲子研学活动、体育艺术等；每学期评比一批优秀家长、星级家长，颁发各类证书；每学年评比一次"文明家庭""书香家庭"，颁发证书与标牌。

（二）开放课堂，家长与孩子共成长

特殊教育要回归主流，就必须打开校门，走出去，请进来，让特校课堂向家长开放，家长进班听课，与孩子共同成长。和普校的学生一样，特殊孩子也需要家长的陪伴，但陪伴不是包办，不是溺爱，而是参与教育，是家长的再学习，与孩子共成长。怎样让家长了解教育、参与教育、支持教育、监督教育、提高家长教养能力？实施家长进班级"开放课堂"听课制度是有效形式之一。

开放课堂不是无序、随意地自由开放。学校根据家长个人意愿，以及结合学校的实际，每班每学期安排一次家长进班级听课，并积极参加亲子互动活动，同时对班级教育教学进行督查，提出合理的建议。

（三）开展亲子互动实践活动

春天是引导特教学校学生探索周围事物和景象变化的好时机，也正是学生们领略大自然美好风光的大好季节。春天是美好的，要让学生们感受季节的变化，捕捉春的气息、探索春天的秘密、感受大自然的美，同时也给他们提供

了户外参观、学习、探索、交流、实践的机会。教师可以开展"美丽的春天"主题活动，特殊孩子在家长的带领下，在家附近寻找春天的气息。路边的小树挂满了碧绿的新衣，小草吐出了嫩嫩的绿芽，雪白的梨花，粉嫩的桃花，怒放的紫荆树，黄色的迎春花……好一派生机勃勃的景象。通过这样的亲子实践活动，有些同学学会了摆造型，有些同学学会了用手机拍照，并掌握了一些拍照的基本技能。看似一次普通的校外活动，不但让老师和家长发现了很多学生平时没有展现出来的优点、才能，同时也训练了学生的实际操作能力，培养了学生的审美观。其实每个特殊儿童都跟正常儿童一样，他们也懂得欣赏，也懂得美，也爱学习，对一切的东西也都感兴趣。作为家长和老师需要给他们时间与机会，在他们的眼中什么都是美好的，哪怕是一株草、一棵树、一朵花、一个风筝……即便是门前一簇绿植在他们的眼里也有美的一面，相信他们会觉得春天美、自然美、自己的祖国更美，一切都很美。特教老师应该为孩子们这点滴进步不懈努力。

游戏在儿童的发展过程中扮演着非常重要的角色。尽管特殊学生在游戏过程中会遇到种种困难，甚至难以像正常发展儿童一样，但是他们可以在游戏中获得支持和体验快乐，教师不能忽视游戏对其发展的重要意义。家长既是儿童的养育者，更是他们游戏的引导者和伙伴。教师需要重视游戏的作用，积极开展亲子游戏互动，引导学生真正地融入亲子游戏活动，与家长一起体验游戏的快乐。例如，教师可以开展"我来比画，你来猜"活动，类似于很多电视节目上的猜猜看游戏，一人比画，看到的家中物品或想到的家庭活动，只用动作表达，不用语言表述，直到对方猜中为止。通过相互比画（手语），家长要准备好纸和笔，随时把每次比画的物品或事件用文字写下来，可以帮助孩子增加词汇量，如果孩子猜不上来，家长可以适当降低难度，提供给孩子两个选项，让孩子从中选一个，选对了，孩子可以学会一个词语；选错了，孩子可以学会两个词语。这样的亲子互动有利于拉近亲子的关系，也可以促进特殊学生学习知识。

（四）利用新媒体促进家长教师的沟通

新形式的家校合作并非传统观念上的合作，更多的是和家长互相影响、讨论、了解、鼓励，从而建立真正的伙伴关系，这就需要在家校沟通的方式上有更多的途径。成功的教育是离不开家庭与学校的共同努力的。教师应该在坚持用常规方法的基础上，结合学校学生的特点，创造性地运用班级微信公众号拓展家校合作新途径。例如，教师可以组建一个微信群及班级微信公众号，在学生报到第一天家长们就可以扫码加入，以便就班级动态及时与家长交流。在班级公众号中，教师还可以发布自己的教育随笔、课堂状况、测评状况、学期总结等相关文章，帮助家长提升家庭教育理念和技巧。除微信公众号外，教师还可以积极利用微信群与特殊学生的家长沟通班级动态及学生情况，每学期都会定期召开家长会，总结班级近况；与家长面对面进行班级管理和学生教育的方式方法的交流，并邀请家长观摩课堂教学。

三、结语

家庭是社会的细胞，家庭教育是学校教育的基础和重要补充，只要营造出和谐的家庭氛围和良好的校园育人环境，才能塑造特殊孩子的健全人格。特殊学校的教师应该在立德树人教学思想的指导下，积极地开展家校合作。家校共育为特殊儿童健康成长和全面发展奠定了坚实的基础。

参考文献

［1］陈红梅. 家校共育促进小学生心理健康发展［J］. 天天爱科学（教学研究），2021（6）：35–36.

［2］吕巧红，郝高峰. 家校共育模式下的小学阅读有效性路径研究［J］. 考试周刊，2021（21）：41–42.

培智学校有效德育的实践与思考

德育在培智教育中占据了重要地位，如果将教学工作看作"砍柴"，那么德育就是"磨刀"。将德育贯彻到日常教学中，具有十分积极的现实意义，能够为学生树立正确的思想、政治以及道德等方面的觉悟，而且将德育的作用充分地发挥出来，可以有效地促进各项教学工作的展开，提高日常教学的效率。

一、培智学校在德育工作中存在的问题

（一）教师责任感不足

培智学校是针对智力有缺陷的学生展开的教学工作，对学生进行德育时，虽说要立足其特殊性，但是往往有教师因此而曲解德育教学的目的。对于有障碍的学生，教师可能会出于同情心理或者固有偏见，在教学时出现学生不理解、学不会或者行为习惯上出现问题时，会产生"就这样吧"的心理。但是对于该类学生来说，对其教育的目的就是尽量地去弥补存在的缺陷，一味迁就无法发挥出培智教育应有的效果，使德育工作也形同虚设。例如，学生经常迟到，教师认为学生本身有障碍，又离家较远，就默许学生迟到，如此便使学生建立了不正确的认知，逐渐养成不良行为习惯，不但为德育工作增加了难度，也不利于学生后期去适应社会。

（二）盲目照搬教学内容，教学模式单一

普通学校的德育目标通常是增强学生的爱国主义思想，培养学生形成爱劳动、爱人民、爱科学、养成文明行为习惯以及遵守社会道德等，这些通用的教学目标同样适用于有智力障碍的学生，但是有些却不适合该类学生。当涉及过于抽象的问题或者认知能力时，如果仍旧照搬将其作为教学目标，学生会很难理解老师的目的。例如，"形成良好品质、健全人格；学会约束自身、为集体服务，具备辨别是非的能力"，学生会难以理解太过抽象化的问题，什么是良好的品质？

健全的人格？现阶段普通学校中贯彻了"因材施教"和"以人为本"的教学模式，这在培智学校中同样适用，甚至会取得更好的效果。但是由于培智学生的认知能力、理解能力等方面都有缺陷的特殊性，多数教师甚至家长都会产生"孩子能简单的沟通就好"的想法，不做过多要求，导致课堂上多是"按部就班"式的教学，忽略了学生之间的差异与感受。在进行德育工作时，无法有针对性地帮助学生建立正确的认知，也就无法充分发挥出德育工作开展的意义。

二、培智学校有效德育的具体措施

（一）重视德育，教师提高自身责任感

作为直接与学生接触的人群，教师在德育工作中起着重要的作用，因此提高教师专业水平与责任感，能够有效地促进德育工作的开展。首先，培智学校要提高对德育的重视度，营造出一个适宜进行德育的环境。环境在教学工作中起到潜移默化的作用，在良好的环境氛围中开展德育工作，在一定程度上可以提高德育效果。例如，在日常活动中，学生如遇到困难，教师要主动前去询问，让学生感受到关爱；在解决问题之后，教师要引导学生表达感谢，告知学生，如果有人帮助自己，要主动说"谢谢"。其次，要对教师做好相关的思想教育工作，让教师明白德育工作的重要性与伟大之处，以此来激发教师的职业荣誉感与责任感。如果在教学中学生出现不对的行为或者不理解的内容，教师在责任感的驱使下，会尽最大可能地去弥补学生存在的缺陷。如上文提到的"迟到问题"，教师可以先与学生家长沟通，然后用温和的语气引导学生："别的小伙伴都是8：00到教室，你8：10到，你觉得是其他同学来早了，还是你来晚了呀？你不想和小伙伴们一起学习玩耍吗？"以此来帮助学生明确真正的上课时间，树立正确的时间观念。最后，"学不可以已"，教师要不断地提高自身的专业水平，只有自身充分地领悟透彻何为"德育"，才能更好地做到言传身教。

（二）合理规划教学内容，丰富教学模式

教师与教材是德育工作中最重要的两个因素，教师自身的水平固然重要，教材内容的敲定也同样重要。因此在编制德育教材时，一定要切实考虑到培智学生的特殊性，合理编制教材，除去通用的爱国思想建设、文明行为养成外，当涉及认知能力及抽象问题时，要做出适当的调整。例如，德育要求提到的"养成良好品质、健全人格、约束能力及辨别是非等能力"，基于学生的智力缺陷，可以调整为基本的、浅显的目标，如与同学友好相处，通过帮助别人来

让自己开心；尝试自己的事情自己做，能分辨出谁在帮助自己，被帮助时要主动说谢谢。如此结合学生的具体情况明确教学内容，能够让学生更好地掌握知识要点。教材是对于整体学生的规划，而学生个体间又存在一定差异，教师要尽可能地观察到学生的差异，实施个别化教育，采用"一生一案"，有针对性地展开德育。有些学生分辨能力较差，就可以从提高学生分辨美丑、善恶、对错等方面入手，如从简单的日常行为习惯开始，有人乱丢垃圾，教师可以询问这样的行为是正确的吗？还可以选择一些图画作品，逐一让学生观看，然后选出自己觉得最美的图画，并说出美在何处。通过多种途径的培养，可以有效地提高德育效率。

（三）切实加强家校合作，形成德育合力

特殊学生问题的出现与家庭环境和家庭教育有着密切的关系，因此必须得到家长的配合和支持。要及时通过家长收集和反馈信息，全面了解孩子的学习、生活、思想状况，全盘掌握其动态和变化；指导家长努力改善家庭环境，改进教育方法，以鼓励和表扬为主，与班主任及科任老师通力协作，及时肯定孩子做得好的地方，促使他摆脱自卑心理。

三、结语

培智是一项艰难、长久的工作，德育也并不是按照书本内容对学生进行简单灌输就能够达到目的的工作。教师需要具备强烈的责任感，尊重学生以及学生间的个体差异，在课堂中增强师生互动，寻找出最适宜的教学模式。要对有智力缺陷的学生报以积极的期望，尽最大可能地为学生创造出适宜学习的条件，将培养学生正确思想意识作为教学重点，在教学工作中不断地探寻出高效的德育方式。

参考文献

［1］蒲蔚芳.培智学校有效德育的实践与思考［J］.现代特殊教育，2016（8）：33–35.

［2］张伶俐.如何开展培智学校的德育工作［J］.中国科技经济新闻数据库：教育，2016（12）：177.

［3］姚秀玲.论特殊教育学校德育和教学工作的相互融合［J］.教育界：基础教育，2019（1）：147–149.

2 第二章

社会化课堂
实践与交流

扬学习之帆　追特教之梦

——2019年第三次集中研修暨惠阳送教活动（1）

特教之路，道阻且长，名师学员，风雨兼程。2019年6月10日，在广东省特级教师、工作室主持人李志毅副校长的带领下，分别参加了讲座学习和送教活动，以促专业成长。

上午，工作室高校专家、惠州市教育研究院徐文健副院长为学员们做题为《浅谈教学研究》讲座，把教师如何做研究这件事通过解析、举例，深入浅出地侃侃而谈。学员们认真听讲、记录笔记，向徐院长提出自己的疑惑。徐院长一一作答，并强调研究需要阅读与实践的积累，每天有积累，做的研究才有实质的成果，希望学员们坚持做研究，成长为真正的名教师。

下午，名教师工作室一行匆匆赶往送教活动第一站惠阳区特殊教育学校，受到王勇汉校长及学校老师的热情相迎，拉开了本次送教活动的序幕。本次送教活动，分别有工作室学员林锦娴老师执教的生活数学"我会分类"和宋石红老师执教的家政课"做腊味饭"。她们提前用心准备：了解学生情况、备教案、制作教学课件和教学具，在课堂上注意分层教学、及时表扬、生活化的选题等，无处不体现她们对送教活动的重视和对特教的热情。学生们参与度高，学习效果较好。

精彩的送教课堂

　　课后，广东省特级教师、主持人李志毅副校长以"扬帆·追梦"为主题，为工作室学员及惠阳区特殊教育学校的老师们讲解特教教育教学目标的相关知识，回顾了工作室一年来的工作及活动，并鼓励各位特教岗位上的老师多学、多做，让未来的自己不后悔！各位老师也对送教的两位老师进行了中肯的评课，各抒己见，真正体现了学习、交流的实效性。徐院长也对两位老师给予了赞赏，在学生关注度、多元教学活动设计、多元评价等方面提出了宝贵建议。

聆听讲座互评共促

本次研修活动行程安排紧凑、活动丰富，工作室的线上资源在不断充盈，网络研修课程也将陆续开展，学员们将一心一意，扬学习之帆，追特教之梦。

合影留念

（广东省李志毅名教师工作室学员　曾家苑）

风雨无阻　特教有梦

——2019年第三次集中研修暨惠城送教活动（2）

　　为完善城乡教育相互联动和促进机制，提升名教师工作室成员的课堂教学水平，6月11日，在广东省特级教师、工作室主持人李志毅副校长的带领下，迎着惠州市"龙舟水"时期的最强降雨，工作室成员按时抵达惠城区特殊学校，开展送教活动。

　　工作室学员廖捷文老师在一年级上示范课"做绿豆糖水"。廖捷文老师充分利用电脑视频与实物材料，配合生动有趣的语言，牢牢吸引学生注意力。在讲解做绿豆糖水步骤时，结合学生IEP，从味觉、触觉入手，既新颖有趣，又能达到教学目的。让学生用已有代币换取做好的绿豆糖水，很好地强化了代币在学校日常生活中的作用，符合学校教育需求。

　　工作室学员曾家苑老师延续廖捷文老师的教学内容，上示范课"分享绿豆糖水"。曾家苑老师对上一节的内容进行延伸，注重师生互动，把教学内容与儿歌生动结合，引导学生分享喝绿豆糖水的感受。结合学生IEP，从触觉、听觉入手，教学"有"和"没有"，既直观生动，又达到教学目的。同时，鼓励引导学生把糖水分享给课室里的老师，在教学中渗透日常礼仪教育。

廖捷文老师、曾家苑老师上示范课

听完精彩的两节课，广东省特级教师、工作室主持人李志毅副校长为老师们做《扬学习之帆　追特教之梦》专题讲座。讲座内容围绕特教之梦、工作室之梦展开，还传授了上好一节优质课的技巧。

工作室主持人李志毅做专题讲座

最后，名教师工作室成员及惠城区特殊学校教师同场评课。两位上课老师分别阐述了自己的教学设计以及课后反思。课例点评在轻松愉悦的气氛中进行，听课老师畅所欲言，谈了自己的收获，并结合课例谈自己今后课堂教学的一些改变，同时对授课老师提出中肯的意见和建议。

评课交流

本次送教活动在李志毅名教师工作室的大力支持下，在惠城区特殊学校全体师生的全力配合下，组织严谨，安排周密，实施有序，具有很强的针对性、指导性和实效性，达到了预期目标，获得了圆满成功，既发挥了名教师工作室的示范、引领、辐射作用，又加强了城乡教师之间的交流与沟通，为促进城乡教育均衡发展做出了积极的努力和探索。

合影留念

优秀评课记录

——听"做绿豆糖水"与"分享绿豆糖水"有感

惠阳特校　宋石红

雷雨交加，暴雨如注。在如此恶劣的天气下，仍然挡不住一颗颗积极进取、努力向上的心。抱着共同进步、共同学习的信念，我们工作室7人走进惠城特校，开展送教活动。

今天听了廖老师和曾老师的课，廖老师的教学思路主要是通过讲解煮绿豆糖水的步骤，让学生体验煮绿豆糖水的过程；曾老师的教学思路主要是通过分享绿豆糖水为载体，充分调动学生的多感官，区辨有无。从这两节课中，主要体会如下。

一、教言教态，是拉近师生关系的基础

对于特殊孩子而言，要在短时间内让他们在教学上配合，并非一件易事，但今天上课的曾老师却做到了。她讲话的语速，她讲话的口吻，她的笑容，完全就是站在孩子的角度去靠近他们，而非一个高高在上的老师。选择孩子们喜欢的歌谣进行改编，通俗易懂，所以，孩子们愿意让她靠近，愿意给予回应。

二、教学形式多样，学习氛围浓厚

教学有法，教无定法，贵在得法。教学的终极目标就是让学生学会知识，达成目标。特殊孩子的注意力短暂，要引起他们的兴趣，必须采用实物、图片、视频等多种形式，充分调动学生的多感官。例如，认识有无，老师先通过视觉辨别，杯子有无水；杯子装绿豆，用听觉辨别有无。美中不足之处，就是老师在最后分享绿豆糖水时，没有通过触觉感知有无。

三、赏识教育，多元评价

给予赞扬、肯定是树立学生信心的重要渠道之一。对于学生，教师不要吝啬自己的赞美之词，多给孩子传递正向温暖的词语、句子。我这方面是很缺乏的，所以，在这两节课中，我要反思自己，在今后的教学中，多鼓励、赞美孩子。教学提问技巧也有待习得。

（广东省李志毅名教师工作室学员　林锦娴）

风雨兼程　砥砺前行

——2019年第三次集中研修暨福利院送教活动（3）

　　以人之长补己之短，以人之厚补己之薄。抱着共同学习、共同进步、取长补短的学习态度，2019年6月12日，广东省李志毅名教师工作室开启研修的第三站——走进广东省杨村社会福利院，开展送教活动。广东省杨村社会福利院是广东省民政厅直属正处级事业单位，为满足特殊儿童接受教育的需求，针对院内的特殊儿童开设特教班，为院内特殊儿童提供学习的机会。

　　因暴雨原因，到达杨村社会福利院时已是10点多。送教成员林烁彬老师顾不上已湿透的衣服，立刻着手准备上课，他的敬业精神，令人敬佩。林老师的教学思路为：谜语导入—认识钟面—认识时针分针—认识整时—书写整时—电子表示法—练习巩固—归纳总结。在"认识钟表"这堂课的教学过程中，学生学得主动，课堂气氛热烈，知识获得与情感体验同步。林老师的课有三大亮点：第一，教学思路清晰，教学内容完整，教师课前准备充分（备学生、备教材、备教法）。因为学生的特殊性，更要求特教的老师们要做好"三备"。第二，教具、课件制作新颖，能吸引学生的注意。抓住学生的学习特质，充分利用学具，调动学生多感官参与学习，让学生亲自动手拨动学具，为学生提供动手实践、自主探索的机会，并激发学生参与的积极性。第三，数学知识来源于生活，又应用于生活，以小明的一天为例，教育学生要学会科学合理安排自己的时间，遵守学校的作息时间，做一个爱惜时间的好孩子。

　　课后，广东省特级教师、惠州市特殊学校副校长、工作室主持人李志毅开展《扬学习之帆　追特教之梦》专题讲座。讲座主要围绕"特教梦、特殊儿童的发展目标、终极目标"而展开，并通过举例"鲇鱼效应"，勉励特教老师要爱岗敬业、有教无类、因材施教，让特教孩子不再特殊，让我们的培智学生自强不息，习得一技之长，自食其力，做社会有用之人。

林烁彬老师上送教课

工作室主持人李志毅做专题讲座

最后，杨村社会福利院的杨赋书记对广东省李志毅名教师工作室成员的到来表示热烈欢迎与衷心感谢。感谢工作室把活生生的、真实可感的教学理念送到了他们身边。希望工作室能继续到福利院开展送教工作，多角度、全方位为老师们充电，起到示范、引领、辐射作用，并提升老师们的教育教学能力。

交流座谈

合影留念

优秀评课记录

——听"认识钟表"有感

惠阳特校 宋石红

在一个倾盆大雨的早上，我们走进广东省杨村社会福利院。因暴雨原因，我们到杨村社会福利院时已10点多了。林烁彬老师顾不得衣服已湿透，立刻着手准备上课，他的敬业精神，让我深为感动。

林老师的教学步骤为谜语导入—认识钟面—认识时针分针—认识整时—书写整时—电子表示法—练习巩固—归纳总结。

一、教学思路清晰，教学内容完整

教师课前准备充分，即备学生、备教材、备教法。因为学生的特殊性，更要求特教的老师们要做好"三备"。有准备的课，教学思路是流畅的，教学内容是丰富的，学生是积极配合的。

二、教具、课件制作新颖，吸引学生注意

抓住学生的学习特点，充分利用学具，调动学生多感官参与学习，让学生亲自动手拨动学具，为学生提供动手实践、自主探索的机会，激发学生参与的积极性。

三、教学速度要慢，多给学生思考的空间

不要为了教学而教学，要为了学生而教学。在教学过程中，教学内容不用多，但要精，以留足够时间让学生思考。

（广东省李志毅名教师工作室学员 宋石红）

风雨无阻　携手同行

——2019年第三次集中研修暨博罗送教活动（4）

风回云断雨初晴，返照湖边暖复明。连续几天的"龙舟水"终于稍事停歇，6月13日早上，大地初见阳光，工作室成员依旧继续着充实的集体研修活动。

早上，工作室成员齐聚惠州市特殊学校的工作室"大本营"进行教研活动。对工作室主持人李志毅申报的广东省教育科学"十三五"规划课题"新课标背景下培智教育社会化课堂的实践研究"具体实施细则、人员分工等事项进行深刻、详尽的研讨，并对接下来开展具体工作时的相关问题达成初步共识。整个研讨过程气氛热烈，交流互动积极，体现了学员们积极认真的研修学习态度。

下午，工作室成员冒雨前往博罗县特殊教育学校送教，共有三位成员参与，分别是揭东特校袁秋雨老师的音乐律动课《十个印第安小朋友》、博罗特校张德洁老师的语文课《带你走进夏天》以及龙门特校黄海红老师的班会课"食品安全"。三位老师的课型、内容各不相同，组织形式各有特点，很好地展现了工作室成员能力的多样性。比如，在袁老师的课上，一首轻快的儿歌成为原本不熟悉的师生之间沟通的桥梁，师生互动积极，课堂学习气氛热烈，在"学、唱、跳"等不同环节，融入了生活数学、大动作训练、课堂礼仪等内容的教授与训练，丰富了课堂内容，活跃了课堂气氛，将音乐的律动之美展现无遗。在张老师的语文课堂上，贴近现实生活的情境设置，快速地将学生带入学习状态、激发学习兴趣，课堂组织形式多样，既有常规的生字认读仿写，也有图文并茂的配对练习，同时还针对学生具体情况进行分层教学，"认、读、写、用"的语文课基本呈现方式也贯穿整个课堂，教学效果良好。黄老师在六年级上班会课"食品安全"，选材主题鲜明、教学内容生活化是其最大特点，从"不吃不洁瓜果"环节开始，黄老师就以图片展示的形式，明确地告诉学生食物卫生的重要性，同时对于学生日常生活中喜欢吃的油炸食品，也以实例告诉他们不可多吃，而对于过期、腐烂食品更是不能食用，整节课节奏明快，学生配合较好，教学内容丰富，收到了一定的教学效果。

精彩的送教课堂

课后，广东省特级教师、工作室主持人李志毅向博罗县特殊教育学校老师介绍工作室的相关情况，同时分享了自己对于特殊教育教师工作的一些感悟，鼓励青年教师们要多学习、多思考、多做事，进一步提升自身的专业能力素养，更好地为特殊教育工作事业贡献自己的力量。随后进行听评课活动，会议由博罗特校副校长黄秀兴主持，会上各位老师畅所欲言、各抒己见，既有对三位老师课堂上值得学习发扬的优点、亮点的肯定，也有一些教学上需要进一步改进、修整的建议。活动最后，由博罗县特殊教育学校校长陈建辉进行了总结发言，感谢工作室的这次送教活动，感谢工作室三位老师优秀、高水平的课例，对促进教师的专业发展起到了示范作用，并欢迎大家常来博罗特校开展类似的教研活动。会议气氛热烈融洽，达到了交流互促、共同提高的预期目的。

工作室主持人李志毅发言

评课交流

合影留念

回程路上，大雨依旧。工作室本次的送教活动画上了圆满句号，虽然历经风雨，但我们初心不变，而且我们也坚信在共建特教事业的道路上，不可避免要遇到各种困难，但只要奋斗在特殊教育岗位上的同人携手同行，便可无惧一切，胜达彼岸。

优秀评课记录
——听《十个印第安小朋友》和《带你走进夏天》有感
惠阳特校　宋石红

今天听了唱游与律动课《十个印第安小朋友》及生活语文课《带你走进夏天》。

袁老师虽然不是音乐专业的老师，却上出了音乐课的味道，说明她善于学习，并在学习的基础上加以运用。作为一名特教老师，可谓全能型。她一开始就以音乐形式与学生打招呼，引发学生的兴奋感，为学习新知创设环境，也同学生拉近了距离。整节课都是围绕一首歌展开，但形式却是多变的。通过师生合唱、听音乐打节拍、做游戏、戴头饰听音乐打节拍，每个步骤都在加深难度，却因融入了趣味性，学生并不感到厌烦，反而兴致盎然。教师语言亲切自然，有亲和力，过渡自然，能及时关注学生的情绪反应，应变能力强。对于能力较差的学生，能利用其好动的特性，让其参与到游戏中。美中不足的是，在学生数数环节，老师可以比画手指1～10；听音乐打节拍，教师应先讲解节拍打法（1、2、3拍腿，小、朋、友拍掌），因为此环节是教学重点，应多加重复练习；做游戏前，教师应示范，且明确告诉学生游戏规则，不然学生只会顾着走，导致教学目标无法在规定的时间内完成。

张老师的《带你走进夏天》，主要是通过夏天的天气、食物、穿着三个方面来突出夏天的特征。因为五年级的学生，认知（认读生字词较多）、语言理解、语言表达能力较好，虽然她选取的教学内容较多，但学生基本都能完成教学目标。

通过听张老师的课，我觉得有三大亮点：第一，教师教学基本功扎实，生字词教学很到位。第二，"语文素养"的关键要素是语言，包括语言积累、语文理解和语言运用。张老师能根据学生的能力及学生的需求，关注学生日常生活词语的积累。第三，注重教学的生活化，张老师在教学中不仅仅是教学科知识，她会在教学中渗透安全教育知识、家居生活技能知识等，符合特教教育理念，倡导以生活为核心的教育目标，习得一技之长，自食其力。其美中不足是，练习巩固时，教师重点关注能力较好的学生，而忽视了部分能力较差的学生，可图文配对或图图配对，不应让学生有太多等待的时间。

（广东省李志毅名教师工作室学员　林烁彬）

名师引路　教学相长

——《培智学生社会化课堂教学和生活教育》专题培训

为了提升教师专业水平，开阔教师视野，促进教师发展，2019年6月9日至14日，广东省李志毅名教师工作室开展了本年度第三次为期6天的集体研修活动。

本次研修特地邀请了美国教育心理学博士、临床心理学家赖铭次教授，给李志毅名教师工作室全体成员进行《培智学生社会化课堂教学和生活教育》专题培训，美国国际TORP–n–LQ公司资料服务主任及特教顾问吴荔云教授做了《手语在启智教学中的运用》专题培训。两位教授从特殊教育历史的发展和国际特教发展趋势，深入地谈到了培智学生社会化课堂教学和生活教育在实践中的运用。

讲座中，赖教授从了解国家政策与教育目标、了解特教发展趋势、简述培智生的特性与教育目标、简述社会化教学的意义与生活教育、社会化教学策略五个方面来为我们讲解，并强调：我们在教学时，要先了解国家政策与教学目标，在《培智学校义务教育课程标准（2016年版）》背景下，以生活为核心，注重个别差异，来进行教学。学习一定要"知行合一"，不能只停留在理论方面，要理论与实践相结合才能发展自我、突破自我。

名师引路

　　专题讲座结束后，工作室学员进行说课。林锦娴老师的生活数学"我会分类"和宋石红老师的家政课"做腊味饭"，大家对两位老师的说课开展了磨课，各抒己见，热烈讨论，观点鲜明。主持人李志毅对两位老师的课给予肯定的同时，提出具有建设性的意见和建议。此次培训，让我们获益匪浅，期待在后续李志毅名教师工作室集体研修学习中收获更多。

（广东省李志毅名教师工作室学员　廖捷文）

特幼互访深交流　共研共商促提升

—— 与周洁名园长工作室、邓子红名教师工作室互访活动（1）

　　"未觉池塘春草梦，阶前梧叶已秋声。"迎着飒爽的秋风，广东省李志毅名教师工作室2020年第二次集中研修暨送教活动于10月9日正式拉开序幕。活动伊始，工作室安排的内容是颇具特色的跨界交流，即为李志毅名教师工作室与周洁名园长工作室、邓子红名教师工作室互访交流活动，也是惠州市特殊教育与幼儿园学前教育工作室的首次交流。

　　9日早上，工作室全体成员准时到达惠城区直属机关幼儿园参观交流。惠城区直属机关幼儿园是一所市一级公办示范性幼儿园，由惠城区三所幼儿园合并而成。园内环境布置充满童趣，生机盎然。幼儿园最大的特色是混龄编班、同龄走班。此种形式很好地体现了"共同成长、和谐发展、追求卓越"的办园理念。

　　工作室成员以及其他两个工作室人员首先在教学楼顶观摩了"阳光早餐"活动。孩子们沐浴在阳光下，礼貌、有序地吃完了"阳光早餐"，其中令人印象最深刻的是"阳光早餐"活动充分体现了混龄编班的优势：大龄的小朋友会协助年纪稍小的幼儿领餐、吃饭。活动场面温馨，充满了暖暖的爱意。工作室成员均认为在我们日常的教学活动中也可借鉴这种活动形式，有时可以让A层的学生帮助C层的学生完成任务，这样既可以锻炼A层学生的帮扶能力，同时也加强学生之间的沟通能力与社交能力。

　　接着，工作室成员一行还分别观摩了邓子红名教师工作室成员叶剑蓉老师带来的大班音乐活动课"小小按摩师"和惠城区直属机关幼儿园的区域活动课。叶老师教学有趣，童声童语，教态自然亲切，跟孩子们配合默契，以音乐分段的形式，让幼儿们充分感受音乐节奏的不同，相应地创编不同的按摩动作，引导幼儿用不同的按摩动作表现对音乐进行创造性的表演。在混龄二班的活动课中，我们看到孩子们在不同的区域中快乐地"玩耍学习"，既有考验独立思维的拼图游戏，也有培养创造能力的"沙画"绘画，还有体现合作思想的"迷宫"游戏，多种多样的活动，体现了惠城区直属机关幼儿园区域活动设置的科学性及创新性，工作室学员们纷纷表示可以从中借鉴到很多特教日常教学活动中关于环境布置、情境教学的宝贵经验。

美味、有爱的"阳光早餐"

有趣的音乐活动课

好玩的区域活动课

　　在幼儿园的观摩结束后，工作室成员一行参加评课交流活动。三个工作室成员分别对"教学活动"和"区域活动"进行研讨交流。工作室成员一行踊跃表达各自的意见及看法，并由曾家苑老师作为代表上台发言。我们从特殊教育工作者的角度对这两个活动进行评价，并提出了建设性想法，交流研讨气氛热烈和谐，特殊教育、幼儿学前教育的教学思想和理念在不同角度、不同维度的思维碰撞中迸射出火花，让所有参与人员均得到一次思想的洗礼。

　　9日下午，工作室成员一行继续驱车前往惠州市机关幼儿园进行第二场特幼交流活动。惠州市机关幼儿园创建于1963年，园区环境优美，设备先进，

1996年被评为"广东省一级幼儿园"。全园教职工在园训"球球如玉、珞珞如石"指引下，锻造"诚信、内省、协同、担当"的团队精神，努力实现让幼儿拥有"三年幼时光，一生悠时光"的教育愿景。我们参观了幼儿园的教学区、游戏场地以及功能教室。教室前走廊绿植遍布，门前环境布置各具特色，并且融入教学需要，营造了日常情境教学的场景，体现了"处处是生活，处处是教育"的理念。楼顶的天台更是打造成儿童乐园，既有游戏活动场所，也有艺术教学的"神秘花园"，可以说，幼儿园整体环境的布设让我们惊叹，也让我们从中受到了不少启发。

在主题分享交流活动中，惠州市机关幼儿园的陈老师做了题为《温馨社团 趣味生活——幼儿园教师自组织团队的运营》讲座，从讲座内容中我们了解到机关幼儿园教职工自组织团队运营各种丰富多彩的活动，这些活动也充分践行了周洁园长锻造教师团队"悠而优"的理念；惠东县机关幼儿园李埃仿园长分享了一个亲身经历的故事，提出管理需坚持"以人为中心"的原则；惠阳区直属幼儿园陈秀珍园长做了题为《"非遗"传承视角下的幼儿园课程》主题讲座，分享了惠阳区直属幼儿园在园本课程构建之路上的探索，并提出困惑，期待可以得到同行以及特教人士的指导。工作室主持人李志毅从特殊教育的角度，提出了课程建设需立足以生为本，结合学生特点以及能力，从而设计具有针对性课程的建议。最后，周洁园长做了总结性发言，介绍了其个人专著《向悠而行》一书的"四于之说"、成书的由来以及自己办园的理念。虽然特幼有别，但我们也从中得到了很多有益的经验。

"曾伴浮云归晚翠，犹陪落日泛秋声。"首次特幼工作室互访成效明显，交流精彩纷呈。虽是跨界的交流，有着不同的对比，但彼此都得到更好促进。即使特幼有别，但我们都有同样的教育初心：一切为了孩子更好的未来！

名教师工作室一行合影留念

（广东省李志毅名教师工作室学员　林烁彬）

普特融合　携手共进

——与周洁名园长工作室、邓子红名教师工作室互访活动（2）

当国庆小长假的韵味还未完全散去，中秋、国庆双节快乐的祝福还萦绕在耳边，广东省李志毅名教师工作室成员新一轮的集中研修活动已经进行第二天。学员们对今天丰富充实的研修活动充满了期待。

继昨天与周洁名园长、邓子红名教师团队进行的特校与幼儿园跨界交流后，今天将继续与普通学校进行跨界交流研修。穿过闹市，来到位于金山湖畔、青山碧水的惠州市中建麦绍棠学校，开始了新一天的送教活动。麦绍棠学校是由惠州市、惠城区两级政府共同投资兴办的九年一贯制公办学校，开展特殊儿童随班就读工作已有7年历史，广东省周洁名园长工作室学员、广东省李志毅名教师工作室学员和麦绍棠学校的老师们将在这里开展同课异构的教研活动。

茹小娟老师的数学课堂

铃声响起，我们走进麦绍棠学校茹小娟老师的数学课堂，她用《小鸡吃食》的故事引出数学问题，围绕本节课学习的重点内容——10的加减法，进行讲解、示范、闯关、歌曲创编等师生活动，中间穿插了"找朋友""分小棒"等学生互动的游戏，最后用一道比较难的计算题对整节课的教学内容做了梳理和拓展延伸。有趣的故事情节跌宕起伏，好玩的数学游戏接踵而至，孩子们乐此不疲，在游戏过程中探究了知识和规律，整节课课堂气氛热烈，学生的课堂参与度和配合度很高，教学内容得到了及时巩固，取得了很好的效果。

当大家还对茹老师的课意犹未尽的时候，隔壁一（3）班的宋石红老师正在紧张而有序地做课前准备。宋老师在惠州市惠阳区特殊教育学校教培智中年级的学生，到普通学校面对大班额、课时容量大、学习效率高的孩子们进行同课异构活动，挑战极大。但宋老师亲切的教态、处理课堂突发事件的能力、精心制作的教具，都让我们为之赞叹。她借助"小鸡饿了"—"小鸡吃饱了"的情境进行递进性教学，注重让学生在自己动手操作的过程中体验加减法的意义，在理解的基础上去探索和记忆知识。她还为班里随班就读的两名特殊学生制作了专门的教具，请特殊学生上台互动，让普通孩子给予特殊孩子鼓励和表扬，这些小细节，让麦绍棠学校的老师和周洁名园长工作室成员动容，课堂教学收获了很多意外之喜。

茹老师与宋老师的课堂剪影

课后，周洁园长、麦绍棠学校张校长以及我们工作室代表林烁彬老师代表大家对两位老师的课堂进行评课发言，肯定了两位老师扎实的教学基本功，也对一些细节处理提出了可操作性的建议。其中，让人难忘的是周洁园长的评价："在我看来，普特融合，其实是爱的融合，普校与特校虽然在培养目标、培养方式上有所不同，但归根结底，都是把孩子培养成为一个能融入社会的正常人。"麦绍棠学校张校长也表示，普校和特校的同课异构很有必要，如何让特殊学生真正融入普通学校，如何在课堂上照顾到特殊孩子的需要，这些都需要我们继续探索。这些困惑和思考，恰恰与工作室主持人李志毅校长在评课活动后给大家做《融合教育的基本理念与思考》讲座的理念相契合，李校长指出，对待随班就读的特殊孩子，最重要的是接纳和尊重，对于幼儿园里发现的特殊孩子，我们要早发现、早干预、早诊断、早康复，以期把握孩子发展的关键期，对其进行适合的教育。

在下午的研修活动开始前，惠州市特殊学校校门前发生了一个小插曲，一个自闭症的孩子在下了妈妈的摩托车后，突然大发脾气，在地上翻滚，起身后，又对着母亲的手臂和其他身体部位撕咬……这一幕刚好被前来参加研修活动的周洁名园长工作室、邓子红名教师工作室的学员们留意到。有的老师默默抹起了眼泪。在随后参观校园的活动中，更多老师看到特殊孩子们灿烂的笑容，看到他们努力学习洗车、烘焙、客房服务等职业技能并为之感动。

参观结束后，工作室主持人李志毅校长为大家做《搭建研修平台，共促专业成长》专题讲座，他介绍了惠州市特殊学校老师们和李志毅名教师工作室团队的基本情况，学校为提高老师们的专业成长，积极为大家创造机会，搭建平台，老师们也要抓住机遇，勤奋学习，不断提高自己的业务水平。周洁园长为大家做《从经验办学走向思想办学——一位园长的角色重塑叙事》的讲座，她详细地分享了自己在工作和生活中通过不断阅读、写作，把经验转化为理论，再提高到思想境界的过程，鼓励大家要多读书、多思考、多书写，拥有"悠时光"的理念，慢慢发现工作和生活中值得纪念的小事。工作室助手严旭露主任为大家做《走近特教，了解特教》的讲座，她号召大家接近特殊学校和特殊学生，了解特殊学校的课程，了解每一个特殊孩子的需求，她也说出了大部分特教老师的心声："只有爱心，是不足以支撑完成我们在特殊学校的工作，我们背后必须要有强大的专业支撑，才能保证我们的日常活动得以良好开展。"

联合教研精彩瞬间

一轮夕阳落在地平线，洒下一路光辉，这一天的研修活动在紧张、忙碌中落下帷幕。但脑海中思想的碰撞、新事物的冲击和体验却久久无法停止，学习的最终结果是学有所用，我们要继续努力，争取把学到的东西内化，凝练成自己的方法，帮助特殊孩子，让他们真正融入普通小学乃至正常社会。

工作室成员一行在麦绍棠学校合影留念

（广东省李志毅名教师工作室学员　袁秋雨）

同课异构展风采　送教送培促提升

——广东省李志毅名教师工作室2020年第二次集中研修暨送教活动

　　金秋的阳光温馨恬静，蓝天白云飘逸悠扬。10月12日，在这个秋风拂面、硕果累累的季节里，由广东省教育研究院主办，广东省李志毅名教师工作室承办，惠东县教育局教研室、惠东县培智学校协办，2020年"走进惠东"特殊教育教研支援活动在惠东县培智学校成功举行。

　　工作室学员在主持人李志毅的带领下来到惠东县培智学校开展同课异构、送教送培活动。参加此次同课异构上课的两位老师是工作室学员林锦娴老师和廖捷文老师，课题是"可爱的校园"。

　　工作室学员林锦娴老师主要通过数数活动、动手操作等形式，让学生通过观察和数数并表达出来，了解计数物体的基本方法。教学中，通过大量的练习，让学生自己动手操作，在自己学习的过程中总结出数数方法是从上往下、从左往右、点数法等。教学中，教师教态自然、语言流畅；整个教学流程紧凑、环环相扣；教学目标明确，教学重难点突出；教具准备充分（操作板、数字卡、课件等），注重学生的差异性。自始至终，林锦娴老师温和的语气和鼓励的眼神深深吸引着学生，体现了教师的个人综合素养。

　　工作室学员廖捷文老师以绘本故事贯穿整个数学课堂，让学生在边玩边学中学会数数，重视学生的亲身体验。廖捷文老师这节课最大的特点，就是善于调动学生的参与积极性，和学生打成一片，整节课课堂气氛活跃，学生的参与度高，教师充分利用多媒体，以生动形象的课件抓住学生的眼球，调动学生的多感官参与。

同课异构展风采

"你有一个苹果，我有一个苹果，交换后每人还是一个苹果；你有一种思想，我有一种思想，交换后每人有两种思想。"课后，在惠东县培智学校会议室举行了评课议课研讨活动。整个环节氛围融洽，教师们围绕两节课的设计特点，纷纷谈了自己的心得体会，通过思想碰撞激发出创新的火花，达成最优化的教学共识，从而更好地为学生的发展服务。两位老师的课堂各有千秋，虽说是同课异构，却有着异曲同工之处。

互评共研促提升

下午，由工作室学员、惠州市龙门县特殊教育学校教导处主任黄海红给大家做题为《县级送教工作的开展——以龙门特校为例》的讲座。黄海红主任由自己亲身经历的事例引入，向大家介绍了龙门特校送教的做法、送教前的准备工作、送教的内容、送教后的资料归档等，让大家对送教上门有了一个更为清晰的方向，也具有很好的借鉴意义。送教上门，帮助那些缺乏自理能力、重度或极重度的智力残疾学生，实现了不能接受教育的愿望，也大大提升了全民教育的进度。

工作室学员黄海红老师做专题讲座

一天的送教送培活动，让工作室学员和惠东县培智学校的老师们获益匪浅。作为一名教师，只有不断地更新自我知识，不断提高自身素质，不断完善自我，立足课堂，才能在实践中提升自我价值。

工作室成员一行合影留念

（广东省李志毅名教师工作室学员　宋石红）

教研帮扶促提升　惠揭携手共成长

——广东省李志毅名教师工作室研修活动暨对口粤东粤西粤北地区教育教研帮扶活动（1）

走进揭阳

2020年珠三角地区对口粤东粤西
粤北地区特殊教育教研帮扶

主办单位：广东省教育研究院
承办单位：广东省李志毅名教师工作室
协办单位：揭阳市教育局教研室
　　　　　揭阳市特殊教育学校
时　　间：2020年10月13日

　　10月13日，广东省李志毅名教师工作室从惠东县培智学校来到揭阳市特殊教育学校，继续开展由广东省教育研究院主办的2020年珠三角地区对口粤东粤西粤北地区特殊教育教研帮扶活动。

　　上午由工作室学员和揭阳市特殊教育学校的老师为大家呈现两节别开生面的研讨课，并进行了评课交流；下午则由特级教师、主持人李志毅老师和工作室助理严旭露主任给我们主讲两场精彩的讲座。

　　工作室学员揭东区特殊教育学校的袁秋雨老师为大家展示了一节四年级唱游和律动的示范课。袁老师以一首学生喜爱的《恐龙宝宝问好》歌曲导入，与学生相互问好，拉近师生之间的距离，带动气氛进入课堂。接着引入了新授课"手拉手"，抓住关键词"向里走、向后推、蹲、嘘"等进行示范，并引导学生一起做。在学生熟练掌握游戏的方法后，分小组集体玩游戏，根据个别学生的能力和身体状况给予不同的玩法。在课堂中，灌输学生要团结互助的集体主义精神、规则教育、思想教育。整节课气氛活跃，紧扣主题，让学生在学中玩、玩中学，体验了上唱游课玩游戏为主的乐趣，也让听课教师了解唱游课可以上得生动有色、有滋有味。

揭阳市特殊教育学校的高曼老师给大家上了一节启智部一（1）班生活语文的研讨课。她的选材贴合低年级实际需要，选取课题"为我们服务的人"，以校医为学习对象，提取学校的场景、人物、场所为素材，制作课件、拍摄图片，融入课堂，让学生增强对学校的熟悉感，激发学习的欲望。整节课语言流畅、抑扬顿挫，给人一种温暖、亲切的感觉。针对特殊学生的不同程度、不同类型的差异性，对教学内容和练习做了分层设计，满足学生对学习的需求。高老师在整节课中注重及时评价学生，有效强化学生的正向行为及学习成果，极大地提高了学生学习的积极性。最后进行角色扮演，让学生明白的同时尊重校医的工作，培养学生的感恩之心。

袁秋雨老师、高曼老师上研讨课

工作室学员和揭阳市特殊教育学校老师就上午的两节研讨课进行了评课交流。评课交流中，大家踊跃发言。大家都给予两位上课老师的课堂高度评价，两位老师对待此次公开课态度认真，每个环节都紧扣主题，突出重点、难点，呈现给大家真实、精彩、具有课程特色的特殊教育课堂。工作室主持人李志毅老师最后做了点评和总结，肯定了两位上课老师的课堂特色，指出两位老师为上好研讨课，做了充分的准备，付出了辛勤的劳动，取得了较好的教学效果，并指出了存在的问题，给出了合理的建议。李志毅老师还回顾了工作室成立以来，学员们积极申请公开示范课，评课踊跃发言，敢于挑战主题讲座，上进心非常强，也一直鞭策他一定要带领工作室学员成长。他还勉励参会老师"只有立足于课堂，才能真正成长为一名合格的特殊教育工作者"。

评课交流环节

　　工作室主持人李志毅老师在报告厅为工作室学员和揭阳市特殊教育学校的全体教职员工做了《基于名师工作室下的教师专业化成长实践探究》讲座。李志毅老师主要从关于我们、教师专业化、工作室建设、专家引领四个方面阐述了工作室在广东省教育厅、广东省教育研究院等上级领导的大力支持下，如何开展工作，引领成员成长。他先给听众介绍了惠州市特殊教育学校的历史发展和概况，接着详细解读《教育部关于印发〈特殊教育教师专业标准（试行）〉的通知》精神，强调教师一定要遵循"师德为先，学生为本"的原则，这是作为一位教师必须具备的最基本的道德准则。他认为要成为一个专业的教师，还是要从"读、写、研、说"四个方面下功夫。"读"是指读专业书，"写"是要写随笔、反思、论文，"研"是研究课题、课堂，"说"是上课、评课、说课。我们的教育对象是特殊儿童，需要为他们提供行之有效的服务方案及与之相配套的服务。李志毅老师还讲述了惠州市特殊教育学校及工作室一路走来的历程，截至今天所取得的成绩，与老师们的努力是分不开的。主持人李志毅老师的讲座为在场教师指明了今后努力的方向，引起教师们的共鸣。如何走专业化的道路是特殊教育教师当前需要解决的问题，收到了教师们强烈的反响！

特级教师、工作室主持人李志毅老师做专题讲座

全国优秀教师、工作室助理严旭露主任做了题为《扬帆起航逐波前行——启智教学改革实践分享》的讲座。严主任从四个方面讲述惠州市特殊教育学校是如何进行教学改革以及改革的过程和改革的成效。第一个方面是走访名师，明确方向。通过走访、参观学习以及交流经验，更新教师的教育理念，提高对教学的认识。全校教师统一思想，明确教学发展方向。第二个方面是组建团队，奋力前行。包班制试验到班级重组，推动班级建设到专业团队组建，为教学改革奠定了基础。第三个方面是创新课程，特色立校。严主任介绍学校教研组按照学生成长分低、中、高、职高四个阶段，定制适合各年龄段发展的学生的课程设置，课程设置又再细分为主要课程、评估与教学，同时阐述了全面推行个别化教育的具体流程和课程运行模式。课程设计目标由浅入深，逐层递进，从教会学生学会自理，到学会劳动升级，到学会生活，最终达到学会工作。第四个方面是专业成长，辐射引领。改革成效得到了上级部门的认可和兄弟学校的肯定，教研团队以讲座、授课等方式到省内各校进行了经验推广，吸引并接待了多家学校的特教同行前来跟岗学习交流。严主任的讲座为大家详细地介绍了个别化教育的实用性与可行性，得到了在场教师的赞赏。

全国优秀教师、工作室助理严旭露主任做专题讲座

忙碌而又充实的一天即将过去，两节优质的公开课和两场精彩的讲座，让参与活动的教师们收获满满，这些都对教师们以后的工作有很好的帮助。工作室成员也纷纷表示，通过这样的活动，广东省李志毅名教师工作室成员经过多番磨炼，已经逐渐成长起来。

合影留念

（广东省李志毅名教师工作室学员　林锦娴）

送教送培促成长　教研帮扶暖人心

——广东省李志毅名教师工作室研修活动暨对口粤东粤西粤北地区教育教研帮扶活动（2）

10月14日，广东省李志毅名教师工作室全体学员来到揭东区特殊教育学校，继续完成由广东省教育研究院主办、工作室承办的2020年珠三角地区对口粤东粤西粤北地区特殊教育教研帮扶活动。刚进揭东区特殊教育学校，就受到在校门口迎接的揭东区特殊教育学校林灿荣校长和揭东区教育局基教股特教专干陈辰主任等领导的热烈欢迎。

参观校园

工作室学员首先参观了校园，随后就由揭东区特殊教育学校封发丽老师和工作室学员、揭阳市特殊教育学校总务处林烁彬主任开展同课异构活动，内容是生活数学"认识左右"。课后，本工作室全体学员和揭东区特殊教育学校的教师们一起对同课异构的两节课进行评课研讨。大家对两位老师的课堂做出了准确、合理的评价与建议，两节课各有亮点，存在异曲同工之处。

同课异构，互评交流

下午，广东省李志毅名教师工作室团队中的张德洁主任和曾家苑老师分别给我们做了专题讲座。工作室学员、博罗县特殊教育学校教导处张德洁主任做了主题为《送教上门，一直在路上》的讲座，分享了博罗县特殊教育学校在送教工作中遇到的困难，解决的方式，送教的内容，以及送教工作的具体开展和送教效果，让大家对送教上门有了更为清晰的方向。在座的老师感慨于博罗特校老师不放弃任何一个孩子的信念，也为所有送教工作的老师的辛勤付出点赞。工作室学员、惠州市特殊学校启智部备课组长曾家苑老师做了题为《课堂三要素：人、事、物》的讲座，他结合自身教学经验，从课堂参与三要素所包含的内容切入，详细分析和讲解三要素需要哪些东西来支持与配合完成课堂教学，让在座的老师获得了很多实实在在的经验帮助。

张德洁主任、曾家苑老师做专题讲座

讲座结束后，特级教师、工作室主持人李志毅副校长对两位老师的讲座做总结性评价，并点明这次对口粤东粤西粤北地区教育教研帮扶活动的意义：提供一个面对面交流互动的平台，大家互相借鉴，相互促进提升。他指出，我们不仅要把握孩子们的现在，还要思考特殊孩子的未来在哪里，你想要孩子变成什么样的人，就要对他进行什么样的教育，长善救失，取长补短。所以进行教学改革是非常必要的。

两位校长总结发言

　　最后，揭东区特殊教育学校林灿荣校长做了发言，感谢广东省教育研究院此次活动在该校举行，感谢广东省李志毅名教师工作室的送教送培活动，祝贺由李志毅名教师工作室承办的对口粤东粤西粤北地区教育教研帮扶活动顺利举行。林灿荣校长表示将以此次活动为契机，在揭东区残联、区教育局的正确领导下，继续开展"走出去，请进来"名师引领活动，继续深化校本教研活动，更好地促进学校教师教研水平的提高。

（广东省李志毅名教师工作室学员　黄海红）

3
第三章

社会化课堂
教学设计实施

第一节　设计思路与内容框架

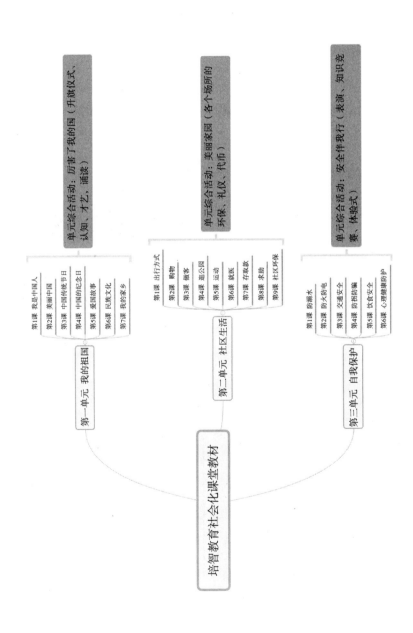

培智教育社会化课堂教材

第一单元 我的祖国
- 第1课 我是中国人
- 第2课 美丽中国
- 第3课 中国传统节日
- 第4课 中国的纪念日
- 第5课 爱国故事
- 第6课 民族文化
- 第7课 我的家乡

单元综合活动：历史了我的国（升旗仪式、认知、才艺、诵读）

第二单元 社区生活
- 第1课 出行方式
- 第2课 购物
- 第3课 做客
- 第4课 逛公园
- 第5课 运动
- 第6课 就医
- 第7课 存取款
- 第8课 求助
- 第9课 社区环保

单元综合活动：美丽家园（各个场所的环保、礼仪、代币）

第三单元 自我保护
- 第1课 防溺水
- 第2课 防火防电
- 第3课 交通安全
- 第4课 防骗防偷
- 第5课 饮食安全
- 第6课 心理健康防护

单元综合活动：安全伴我行（表演、知识竞赛、体验式）

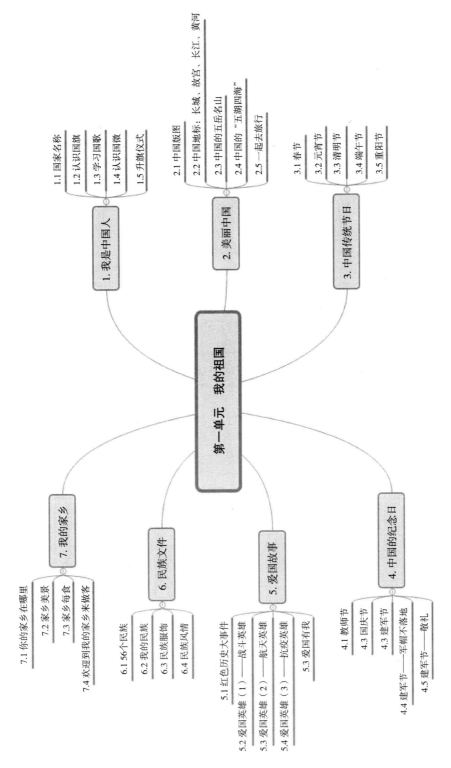

第一单元 我的祖国

1. 我是中国人
- 1.1 国家名称
- 1.2 认识国旗
- 1.3 学习国歌
- 1.4 认识国徽
- 1.5 升旗仪式

2. 美丽中国
- 2.1 中国版图
- 2.2 中国地标：长城、故宫、长江、黄河
- 2.3 中国的五岳名山
- 2.4 中国的"五湖四海"
- 2.5 一起去旅行

3. 中国传统节日
- 3.1 春节
- 3.2 元宵节
- 3.3 清明节
- 3.4 端午节
- 3.5 重阳节

4. 中国的纪念日
- 4.1 教师节
- 4.3 国庆节
- 4.3 建军节
- 4.4 建军节——军帽不落地
- 4.5 建军节——敬礼

5. 爱国故事
- 5.1 红色历史大事件
- 5.2 爱国英雄（1）——战斗英雄
- 5.3 爱国英雄（2）——航天英雄
- 5.4 爱国英雄（3）——抗疫英雄
- 5.3 爱国有我

6. 民族文件
- 6.1 56个民族
- 6.2 我的民族
- 6.3 民族服饰
- 6.4 民族风情

7. 我的家乡
- 7.1 你的家乡在哪里
- 7.2 家乡美景
- 7.3 家乡美食
- 7.4 欢迎到我的家乡来做客

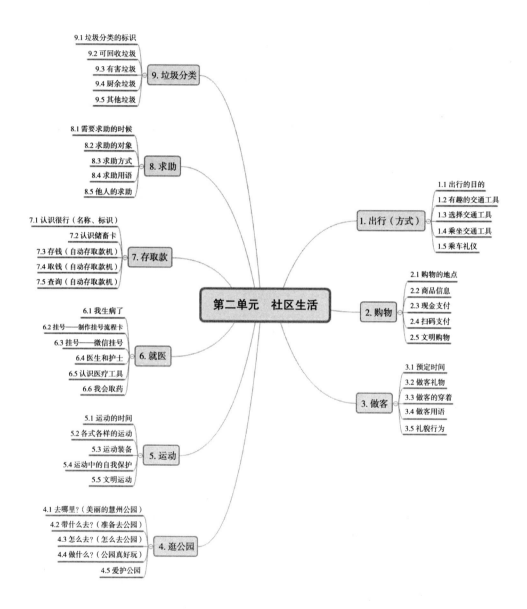

9.1 垃圾分类的标识
9.2 可回收垃圾
9.3 有害垃圾
9.4 厨余垃圾
9.5 其他垃圾
9. 垃圾分类

8.1 需要求助的时候
8.2 求助的对象
8.3 求助方式
8.4 求助用语
8.5 他人的求助
8. 求助

7.1 认识银行（名称、标识）
7.2 认识储蓄卡
7.3 存钱（自动存取款机）
7.4 取钱（自动存取款机）
7.5 查询（自动存取款机）
7. 存取款

6.1 我生病了
6.2 挂号——制作挂号流程卡
6.3 挂号——微信挂号
6.4 医生和护士
6.5 认识医疗工具
6.6 我会取药
6. 就医

5.1 运动的时间
5.2 各式各样的运动
5.3 运动装备
5.4 运动中的自我保护
5.5 文明运动
5. 运动

4.1 去哪里？（美丽的慧州公园）
4.2 带什么去？（准备去公园）
4.3 怎么去？（怎么去公园）
4.4 做什么？（公园真好玩）
4.5 爱护公园
4. 逛公园

第二单元　社区生活

1.1 出行的目的
1.2 有趣的交通工具
1.3 选择交通工具
1.4 乘坐交通工具
1.5 乘车礼仪
1. 出行（方式）

2.1 购物的地点
2.2 商品信息
2.3 现金支付
2.4 扫码支付
2.5 文明购物
2. 购物

3.1 预定时间
3.2 做客礼物
3.3 做客的穿着
3.4 做客用语
3.5 礼貌行为
3. 做客

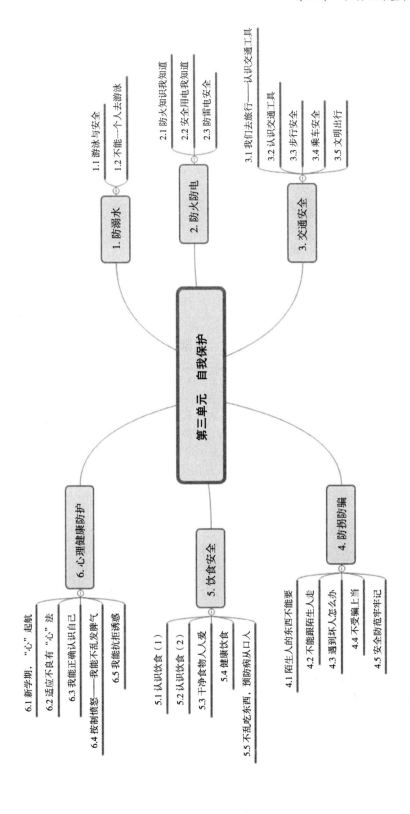

第三单元 自我保护

1. 防溺水
　1.1 游泳与安全
　1.2 不能一个人去游泳

2. 防火防电
　2.1 防火知识我知道
　2.2 安全用电我知道
　2.3 防雷电安全

3. 交通安全
　3.1 我们去旅行——认识交通工具
　3.2 认识交通工具
　3.3 步行安全
　3.4 乘车安全
　3.5 文明出行

4. 防拐防骗
　4.1 陌生人的东西不能要
　4.2 不能跟陌生人走
　4.3 遇到坏人怎么办
　4.4 不受骗上当
　4.5 安全防范牢牢记

5. 饮食安全
　5.1 认识饮食（1）
　5.2 认识饮食（2）
　5.3 干净食物人人爱
　5.4 健康饮食
　5.5 不乱吃东西，预防病从口入

6. 心理健康防护
　6.1 新学期，"心"起航
　6.2 适应不良有"心"法
　6.3 我能正确认识自己
　6.4 控制愤怒——我能不乱发脾气
　6.5 我能抗拒诱惑

第二节　教学设计与实施

第一单元 我的祖国——我是中国人

揭阳市特殊教育学校　林烁彬

小主题：我是中国人

课时：5课时

第一课时：国家名称

新授	国家是一个非常抽象的概念。为了让学生对自己的国家有一个初步的认识，需要教师通过介绍国旗、国徽、国歌、首都以及升旗仪式等具体事物或场景，让学生了解国家的象征，培养学生的国家意识、爱国情感。根据学生的认知能力和学习水平，我把这节课的内容设计成5个课时，本节课为第一课时，主要让学生了解祖国的全称，知道自己是中国人的相关知识，并说出我爱中国、我是中国人等句子
教学目标	知识与技能： A组： 1. 正确认读并书写生字：国。 2. 会认读生词，理解词语意思并学会运用：中华人民共和国、中国人。 3. 会认读句子，理解句子意思并学会运用： （1）我的祖国是中国。 （2）我是中国人。 （3）我爱祖国。 B组： 1. 正确认读并描红"国"。 2. 会认读生词：中华人民共和国、中国人。 3. 会跟读句子： （1）我的祖国是中国。 （2）我是中国人。 （3）我爱祖国。

教学目标	C组： 1. 正确描写部首"竖"。 2. 会跟读生词：中华人民共和国。 **过程与方法：** 通过查找地图等直观的形式，明白理解中国的位置和意思。 **情感态度与价值观：** 增强学生国家统一、领土完整观念，培养学生爱护祖国每一寸土地的情感		
教学重难点	认读、书写生字"国"。 知道中国的全称。知道"我"是中国人		
教学方法	**分层教学法：** 依据学生的差异，对A、B、C组布置不同的任务，达到不同的要求。比如，在认识国家中，A组要求能说出中国的正确名称，B组在辅助下说出，而C组学生程度较低，基本上没有语言能力，但可以通过老师的辅助等形式指认出中国的地图，让他们积极参与课堂教学。 在本堂课的教学中，还穿插了朗读感悟法、评价激励法等教学方法。注重以学生为主体，通过引导，让学生运用说说、读读、动动等学习方法来掌握知识，通过动脑、动口、动手等方式，培养学生的学习能力，树立他们的信心		
教学准备	PPT、中国地图、地球仪等		
教学环节	教师活动	学生活动	设计意图
导入 （5分钟）	展示中国地图。 师：你们知道这个是什么吗？ 师：那你们知道这是哪里的地图吗？ 师：这个是我们祖国的地图 （板书：中华人民共和国）	生：地图。 生：不知道/中国地图	C组学生注意力和能力较差，需要辅课教师辅助和提醒
新授	1. 带读词语：中华人民共和国。 带读主题：中国。 2. 展示中国地图并板书祖国简称和全称。 带读：中国、中华人民共和国。 3. 让学生在地图上找出中国并圈出哪个是中国的地图。	A组学生跟读、个别读、齐读词语"中华人民共和国"。 B组学生跟读、个别读、齐读词语"中国"。 A、B组独立完成。 A、B组学生在田字格中写"国"字。	学生做出反应，教师及时鼓励。 即时性评价，根据学生的完成情况，及时给予鼓励和奖励。

续 表

教学环节	教师活动	学生活动	设计意图
新授	板书并带读：中国、中华人民共和国。 4.生字：国。 （1）展示动画："国"字书写顺序。 （2）教师在田字格中示范写法。 5.展示中国地图，教授并带读：中华人民共和国。 6.带读句子： （1）我的祖国是中国。 （2）我是中国人。 （3）我爱祖国。 7.展示中国地图并板书祖国简称和全称。 带读：中国、中华人民共和国	A、B组说"中华人民共和国"。 A组学生认读句子： （1）我的祖国是中国。 （2）我是中国人。 （3）我爱祖国。 B组学生跟读句子： （1）我的祖国是中国。 （2）我是中国人。 （3）我爱祖国。 A组学生跟读、个别读、齐读词语"中华人民共和国"。 B组学生跟读、个别读、齐读词语"中国"	C组学生注意力和能力较差，需要辅课教师辅助
练习	1.提问： （1）我们祖国叫什么？（中国、中华人民共和国） 2.游戏：消消乐。 （1）祖国的简称是_____。 （2）我是_____人。 3.句子填空： （1）我的祖国叫<u>中华人民共和国</u>。 （2）我是<u>中国人</u>	A组学生回答，B组学生在老师提示下回答。我们祖国叫什么？（中国、中华人民共和国） A、B组学生独立玩游戏： （1）祖国的简称是_____。 （2）我是_____人。 A组学生独立填空，B组学生在老师提示下完成填空。 我的祖国叫<u>中华人民共和国</u>。 我是<u>中国人</u>	巩固练习本节课内容
总结	本节课，我们主要学习了我们祖国的名字，知道我们是中国人。知道了祖国的全称：中华人民共和国		
家庭作业	1.书写生字"国"，部分学生写"竖"。 2.读词语：中国、中华人民共和国。 3.读句子：（1）我的祖国是中国。（2）我是中国人。（3）我爱祖国		

教学反思
优点： 1.将学生根据能力的不同进行分组，每组学生都有不同的学习目标，学生能根据自己的能力掌握符合自己能力的教学目标，学生不会出现因教学目标太难而导致的不主动学习。 2.学生自由度高，参与热情高涨。在平常学校举行的活动中，在对国旗、国徽的认识上，教师有渗透，所以学生在这个主题的学习上表现得相对轻松。 不足之处： 1.B、C组学生大多无语言，无法利用言语检测其对知识的掌握程度，需要教师根据实际情况自己判断。 2.大多数学生对于"中国""国家"一词不能理解，似懂非懂，只能跟着教师说，还是需要反复巩固。 对于本节课的整体反思： 本节课整体学习效果较好，基本上达到了教学目标，学生了解了祖国的全称，知道自己是中国人的相关知识，也能在提示下说出"我爱中国、我是中国人"等句子。但因教师的总结时间较短，显得有些突兀，应在各个环节时进行适当总结

第二课时：认识国旗

教学内容分析	五星红旗是我们伟大祖国的象征，作为中国人，我们要尊敬五星红旗，让学生从小树立尊敬、热爱、维护国旗的观念，增强爱国主义情感。根据学生的认知能力和学习水平，我把这节课的内容设计成5个课时，本节课为第二课时，主要让学生认识国旗，知道国旗的形状、颜色以及尊敬国旗
教学目标	知识与技能： A组： 1.正确认读并书写生字：国。 2.会认读生词，理解词语意思并学会运用：中国、国旗、五星红旗。 3.会认读句子，理解句子意思并学会运用：我国的国旗是五星红旗。 B组： 1.正确认读：国。 2.会认读生词：中国、国旗、五星红旗。 3.会跟读句子：我国的国旗是五星红旗。 C组： 1.正确描红：口。 2.会跟读生词：国旗。

续 表

教学目标	过程与方法： 知道代表祖国的旗帜、标志，能在众多图片中指认并找到其对应的图片。 情感态度与价值观： 知道代表祖国的旗帜、歌曲、标志，进一步增强学生对祖国的归属感，加深爱国情感
教学重难点	1. 按照正确笔顺书写：国。 2. 说出句子：我国的国旗是五星红旗
教学方法	分层教学法： 依据学生的差异，对A、B、C组布置不同的任务，达到不同的要求。比如，在认识国旗中，A组要求能说出国旗的正确名称，B组在辅助下说出，而C组学生程度较弱，基本上没有语言能力，但可以通过老师的辅助等形式指认国旗，让他们积极参与课堂教学。 动手操作法：让学生跟着老师一起来制作国旗
教学准备	1. 前期测评：通过测评的方法，展示不同的旗帜，请学生观察，并提出问题对学生进行测评："这是什么？""你认识它们吗？""能说出它们的名称吗？" 2. 教、学具准备：白纸、画笔、课件、国旗图片资料

教学环节	教师活动	学生活动	设计意图
导入	朗读词语、句子： 中国、国家、祖国。 （1）中华人民共和国。 （2）我爱祖国。 （3）我是中国人	学生跟读词语、句子： 中国、国家、祖国。 （1）中华人民共和国。 （2）我爱祖国。 （3）我是中国人	复习上一节课所学内容，让学生更好地掌握本节课内容
新授	1. 歌曲导入：《歌唱祖国》。 提问：歌曲中唱的是什么？ （五星红旗） 2. 画国旗：教师开始画红旗。先画长方形，涂上红色，再画一颗大五角星和四颗小五角星，并涂上黄色。每画一步，要求学生猜一猜画的是什么。鼓励学生借助生活经验大胆猜想。	A、B组学生回答老师问题：五星红旗。 A、B组学生猜一猜画的是什么，并跟老师一起画。	C组学生注意力和能力较差，需要辅课教师辅助和提醒。 从学生身边事物引入本课，激发学生学习兴趣。

教学环节	教师活动	学生活动	设计意图
新授	3. 教师讲解：先认识国旗的形状——长方形；颜色是红色的，红色象征着革命；左上角有四颗小星星围绕着一颗大星，象征中国共产党领导下的中国人民大团结。 4. 出示图片：五星红旗。 板书并带读：五星红旗。 5. 讲授，板书并带读：我国的国旗是五星红旗	A、B组学生聆听教师所教授知识，并跟着一起画。 A、B组学生跟读句子	直观演示，加强学生理解。 即时性评价，根据学生的完成情况，及时给予鼓励和奖励
练习	1. "国"字组词： 国旗、中国。 2. 句子填空：我国的国旗是五星红旗	A组学生组词并填句子。 B组学生跟读组词，并在老师的提示下完成填空	巩固本节课所学内容
总结	这节课我们认识了国旗——五星红旗，知道了它是长方形的、红色的，有五颗黄色的星星。我们要尊敬国旗，知道怎么书写"国"字		
家庭作业	1. 在田字格中按正确顺序书写生字"国"，B组学生描写"国"，部分学生写"口"。 2. 读词语：国旗、五星红旗。 3. 读句子：我国的国旗是五星红旗		

教学反思

优点：

1. 经过课堂教学之后，学生基本上能够认识国旗，知道国旗的形状、颜色以及要尊敬国旗。基本上完成教学目标。

2. 学生对于本节课的内容表现出极大兴趣，学习积极性高。

不足之处：

1. 国旗是一个比较抽象的概念，学生不容易理解。

2. 课堂秩序较乱，本节课的课堂气氛相较之前要更加活跃一些，所以在课堂秩序方面较差一些。

对于本节课的整体反思：

二年级学生活泼好动，具有儿童化的行为和特征，求知欲、好奇心强，但是大多自制能力差，精力很难集中，学习不够主动。经过入校一段时间的学习，他们逐渐适应了课堂常规，他们喜欢发言，喜欢表现，喜欢教师的表扬，想象力比较丰富，好动爱玩，但缺乏生活经验，注意力易分散，根据这一生理、心理特征，应多用直观教具，多用语言进行鼓励，积极创设和谐愉快的教学氛围，有意识引导他们利用想象、游戏等综合手段，让他们在快乐、自由、轻松的氛围中进入课堂，接受爱国主义教育

第三课时：学习国歌

教学内容分析	根据学生的认知能力和学习水平，我把这节课的内容设计成5个课时，本节课为第三课时，主要让学生通过观看国歌的视频和歌唱国歌激发学生的学习热情，带动学生的学习氛围，培养学生的爱国主义精神		
教学目标	知识与技能： A组： 1. 正确认读并书写生字：国。 2. 会认读生词，理解词语意思并学会运用：中华人民共和国国歌。 3. 会认读句子，理解句子意思并学会运用：我国的国歌是《义勇军进行曲》。 B组： 1. 正确认读：国。 2. 会认读生词：国歌。 3. 会跟读句子：我国的国歌是《义勇军进行曲》。 C组： 1. 正确描红：口。 2. 会跟读生词：国歌。 过程与方法： 知道代表祖国的歌曲和标志，能在众多图片中指认并找到其对应的图片。 情感态度与价值观： 知道代表祖国的歌曲和标志，进一步增强学生对于祖国的归属感，加深爱国情感		
教学重难点	按照正确笔顺书写：国。 说出句子：我国的国歌是《义勇军进行曲》		
教学方法	启发式教学方法，通过学生歌唱国歌、聆听国歌以达到认识国歌的目的		
教学准备	教具、学具、光盘、视频		
教学环节	教师活动	学生活动	设计意图
导入	1. 组织教学。 2. 启发谈话：我们上节课学习了国家是由中华人民共和国全体中国人民组成的，每个国家除了有国名以外，还有国旗、国徽和国歌	跟着教师思路走，知道国家是由中华人民共和国全体中国人民组成的，每个国家除了有国名以外，还有国旗、国徽和国歌	启发学生思维，通过启发谈话，可以培养学生的思维意识

教学环节	教师活动	学生活动	设计意图
新授	1. 观看国歌简介： 学生看屏幕资料：《义勇军进行曲》由诗人田汉作词，聂耳作曲，创作于1935年。原是电影《风云儿女》的主题歌。1949年9月27日，中国人民政治协商会议决定此歌为中华人民共和国国歌；1982年12月4日，全国人民代表大会决定为正式国歌。 播放升旗仪式视频导入：《义勇军进行曲》。 2. 播放歌曲：《义勇军进行曲》。 讲授这是我们的国歌。 板书并带读：国歌。 我国的国歌是《义勇军进行曲》。 3. 唱国歌。 4. 生字：国。 （1）展示动画："国"字书写顺序。 （2）教师在田字格中示范"国"字写法。 （3）让学生在田字格中写"国"字，部分学生写"口"字	聆听教师讲解，让学生了解《义勇军进行曲》由中共诗人田汉作词，聂耳作曲，是中华人民共和国的国歌。 A、B组学会唱国歌，知道国歌名称是《义勇军进行曲》。 跟着国歌的伴奏有感情地哼唱国歌。 B组学生独立书写"国"字	激发学生的爱国热情。 通过歌唱国歌和观看视频，激发学生的学习热情，带动学习氛围，培养学生爱国主义精神
练习	1. "国"字组词：国家、国旗、国歌。 2. 句子填空：我国的国歌是《义勇军进行曲》	A组组词并填句子。 B组跟读组词。 B组在老师的提示下完成填空	巩固本节课所学内容
总结	本节课，我们知道了代表祖国的歌曲和标志，知道了怎么书写"国"字，我们要热爱我们的国歌，让庄严的国歌回旋在我们的耳畔		
家庭作业	1. 在田字格中按正确顺序书写生字"国"，部分学生写"口"。 2. 读词语：中国、国旗、国歌、国徽、国家、五星红旗。 3. 读句子： （1）中华人民共和国。 （2）我爱祖国。 （3）我是中国人。 （4）我国的国旗是五星红旗。 （5）我国的国歌是《义勇军进行曲》		

续 表

教学反思
优点： 1.学生基本上能够按照教师的要求完成教学目标，能认真聆听国歌。 2.学生对于本节课的内容表现出极大兴趣，学习积极性高。 不足之处： 很多学生无语言，在教师的辅助下只能跟着哼哼两句。 对于本节课的整体反思： 通过这节课，我感触最深的是教师要运用多种教学方法及手段，激发学生的学习兴趣

第四课时：认识国徽

教学内容分析	根据学生的认知能力和学习水平，我把这节课的内容设计成5个课时，本节课为第四课时，主要让学生通过观察国徽的形状、颜色及图案，让学生知道国徽上有五角星并爱护国徽，增强学生对祖国的归属感
教学目标	知识与技能： A组： 1.正确认读并书写生字：国。 2.会认读生词，理解词语意思并学会运用：国徽。 3.会认读句子，理解句子意思并学会运用：国徽上有五角星。 B组： 1.正确认读：国。 2.会认读生词：国徽。 3.会跟读句子：国徽上有五角星。 C组： 1.正确描红：口。 2.会跟读生词：国徽。 过程与方法： 知道代表祖国的歌曲和标志，能在众多图片中指认并找到其对应的图片。 情感态度与价值观： 知道代表祖国的歌曲和标志，进一步增强学生对于祖国的归属感，加深爱国情感
教学重难点	1.按照正确笔顺书写：国。 2.国徽上有五角星。 3.理解国徽的含义
教学方法	讲授法、朗读点拨法
教学准备	多媒体课件、国徽实物、带有国徽的物品、硬币等

教学环节	教师活动	学生活动	设计意图
导入	朗读词语、句子： 国家、中国、五星红旗、国歌。 （1）中华人民共和国。 （2）我爱祖国。 （3）我是中国人。 （4）我的国旗是五星红旗	学生跟读词语、句子	让学生加深上节课所学内容
新授	1.出示图片：国徽。 观察国徽的颜色及上面的图案。 板书并带读：国徽。 国徽上有五角星。 2.同学们还在哪里看到过国徽？ 3.那我们做什么事情能够为国徽增添光彩呢？ 4.国徽上有五角星。 5.生字：国。 （1）展示动画："国"字书写顺序。 （2）教师在田字格中示范"国"字写法。 （3）让学生在田字格中写"国"字，部分学生写"口"字	A、B组齐读句子。 A、B组观察国徽上面的图案，说出国徽上面有五角星。 硬币、警察叔叔的帽子上。 我们要爱护国徽。 齐读句子： A组学生独立书写生字"国"，并按照正确笔顺书写。 B组学生独立书写"国"字	出示国徽，让学生观察。 激发学生兴趣，让学生找一找还在哪里见过国徽。 深度发掘学生思维能力
练习	1."国"字组词：国家、国旗、国歌、国徽、中国。 2.句子填空：国徽上有五角星	A组组词并填句子；B组跟读组词，在老师的提示下完成填空。 国家、国旗、国歌、国徽、中国。 国徽上有五角星	
总结	本节课，我们知道了代表祖国的歌曲和标志，知道了怎么书写"国"字，知道了国徽上有五角星，我们要爱护国徽		
家庭作业	1.在田字格中按正确顺序书写生字"国"，部分学生写"口"。 2.读词语：中国、国旗、国歌、国徽、国家、五星红旗。 3.读句子： （1）中华人民共和国。 （2）我爱祖国。 （3）我是中国人。		

续 表

家庭作业	（4）我国的国旗是五星红旗。 （5）我国的国歌是《义勇军进行曲》。 （6）国徽上有五角星

教学反思

优点：

学生基本上能够按照教师的要求完成教学目标，能认识国徽。

不足之处：

对于国徽的认识很难理解。

对于本节课的整体反思：

国徽本就是很抽象的概念，通过本节课，我感触最深的是教师要运用多种教学方法及手段，激发学生的学习兴趣。让学生在轻松活泼而丰富多彩的课堂中，去调动他们丰富的想象力，开发他们的创造力，根据儿童的生理、心理特点，运用动静交替、语言鼓励、情境交融、亲身体验等各种形象生动的方法，让学生在听、赏、想、动、看的实践中感受所学

第五课时：升旗仪式

教学内容分析	根据学生的认知能力和学习水平，我把这节课的内容设计成5个课时，本节课为第五课时，通过播放学校升旗仪式的视频或图片，感知升旗仪式的庄严和肃穆，了解升国旗时的基本礼仪，让学生回忆自己已有的经历，了解升旗时要面向国旗站立、保持安静等基本礼仪
教学目标	知识与技能： A组： 1.正确认读并书写生字：国。 2.掌握正确的敬礼姿势。 3.尊敬国旗，热爱祖国。 B组： 1.正确认读并书写生字：国。 2.掌握正确的敬礼姿势。 3.尊敬国旗，热爱祖国。 C组： 1.正确描红：口。 2.掌握正确的敬礼姿势。 3.尊敬国旗，热爱祖国。 过程与方法： 通过观察、游戏互动等方法，认识国旗，掌握正确的敬礼姿势。 情感态度与价值观： 尊敬国旗，热爱中国，为自己是中国人感到自豪

教学重难点	尊敬国旗，能够向国旗敬队礼		
教学方法	直观演示法：借助现代化的教学手段，把教学内容生活化，帮助学生快速地理解课文内容		
教学准备	升旗仪式视频、国旗、课件		
教学环节	教师活动	学生活动	设计意图
导入	观看升旗仪式视频，导入新课。 上课之前，老师请大家看一个视频，看完之后，请告诉老师，你看到了什么（出示天安门升旗仪式视频）	观看天安门升旗仪式视频	导入主题
新授	1. 我们学校每周一也要举行升旗仪式。 2. 板书：升国旗。 3. 出示图片，看看图中的小朋友在干什么？ 4. 学习向国旗敬礼。 （1）引导学生观察教材中升旗仪式的场景图，并提出问题，"谁""在哪里""干什么""怎么样"。 （2）播放天安门升旗仪式视频，让学生感受庄严肃穆的氛围，知道尊敬国旗。 5. 带读课文：《升国旗》。 五星红旗，我国国旗。 国歌声中，徐徐升起； 迎风飘扬，多么美丽。 向着国旗，我们立正； 望着国旗，我们敬礼。 6. 播放升旗仪式视频，并伴奏《义勇军进行曲》	学生齐读：升国旗、敬礼。 A、B组学生模仿敬队礼，并分组比赛敬队礼。 A、B组学生齐读句子。 A、B组学生跟读句子。 A、B组学生模仿升旗仪式，向国旗敬队礼，并感受升旗仪式的庄严和肃穆。 学生一起向国旗敬队礼。 学生跟读课文《升国旗》	本班学生以前的升旗仪式图片，激发学生学习兴趣。 让学生知道要尊敬国旗，热爱祖国
练习	1. "国"字组词：国旗、中国。 2. 分组比赛敬队礼。		巩固本节课所学知识

练习	3.朗读课文《升国旗》	
总结	这节课我们学习了升旗仪式，知道了怎么书写"国"字。我们要尊敬国旗，升国旗时要敬礼。升国旗时我们还会听到国歌	
家庭作业	1.在田字格中按正确顺序书写生字"国"，部分学生写"口"。 2.读课文《升国旗》。 3.知道升国旗要向国旗敬队礼	

教学反思

优点：

1.经过课堂教学之后，学生基本上能够按照教师指挥完成升旗仪式，学生对升旗仪式积极参与，能了解和认识国旗。基本上完成教学目标。

2.学生对于本节课的内容表现出极大兴趣，学习积极性高。

不足之处：

1.学生对升国旗不理解，只能按照教师发出的指令去完成下一步的内容。

2.在升旗过程中部分学生打闹、发脾气，没办法一直安静地站好。

3.对国旗敬礼不标准，不理解什么是敬礼，需要教师的提醒和辅助。

对于本节课的整体反思：

二年级学生活泼好动，具有儿童化的行为和特征，求知欲、好奇心强，但是大多自制能力差，精力很难集中，学习不够主动。应多用直观教具，多用语言进行鼓励，积极创设和谐愉快的教学氛围，有意识引导他们利用想象、游戏等综合手段，让他们在快乐、自由、轻松的氛围中进入课堂，接受爱国主义教育

第一单元　我的祖国——中国的纪念日

惠州市惠城区特殊学校　廖捷文

小主题：中国的纪念日

课时：5课时

第一课时：教师节

教学内容分析	教师节是个感谢教师的节日。各国各地区节日日期不同，中华人民共和国大陆地区为9月10日，中国台湾地区为9月28日。 根据社会的分工和学校教育为主要教育形态的事实，把教师定义为：受社会的委托，在学校中对学生的身心施加积极向上的影响，将其培养成被社会所需要的人。 尊师重教是中国的优良传统，传道授业解惑的教师被中国人誉为"人类灵魂的工程师"		
教学目标	1.通过教学让学生掌握教师节知识：了解9月10日为教师节。 2.通过教学让学生说出"老师，教师节快乐"。 3.贯彻生活，在学校看到老师的时候，要向老师问好——"老师好"		
教学重难点	重点：了解9月10日是教师节。 难点：主动向老师问好——"老师好"，在活动中培养学生与他人交流互动的能力		
教学方法	讲授法、情境教学法、体验教学法		
教学准备	课前PPT、强化物		
教学环节	教师活动	学生活动	设计意图
一、暖身活动	1.教师组织学生在座位上坐好。 2.教师点名、助教辅助，提示学生。 3.与学生相互问好，"同学们好"	1.在座位上坐好。 2.与老师相互问好，"老师好"。 3.学生喊"到"	将学生从下课的思绪中拉回来，以相互问好为开端，让学生了解到现在是上课时间
二、课前导入	播放教师节视频，介绍教师节的由来。助教、教师在旁进行讲解	安静观看视频，感受教师节的故事	让学生能够初步了解教师节，以便开展后续活动

教学环节	教师活动	学生活动	设计意图
三、教学内容	1. 新授 T：同学们看完视频《教师节的由来》后，今天我们来学习什么是教师节。 T：首先我要问问同学们，我是谁？ T：对了，我是×××老师，那么你们知道教师节是给谁过的节日吗？ T：同学们怎么都沉默了，老师告诉你们吧，教师节是给老师过的节日。 2. 教师节时间 T：那同学们知道教师节是什么时候吗？（每年的9月10日） T：好，跟老师来读一下"9月10日是教师节"。 3. 教师节祝福语 T：同学们知道教师节，要跟老师说什么吗？（×××老师，教师节快乐！） T：好，来跟老师读一遍"×××老师，教师节快乐"。 4. 情境练习 T：对啦，那我们现在来练习一下，在教师节的时候，看到老师要说："×××老师，教师节快乐"。 T：现在请一个同学来和老师示范一下。老师从同学面前过，同学们要向老师说："×××老师，教师节快乐"。 T：好，老师现在示范完毕，请两个同学为一组，依次上来演示一下好不好？一个扮演老师，另一个向老师问好	1. 新授 S：回答"×××老师"。 （S沉默） 2. 教师节时间 S：跟读"9月10日是教师节"。 3. 教师节祝福语 S："×××老师，教师节快乐"。 4. 情境练习 S演绎情境剧：两名学生上台分别扮演老师和学生	观看视频，能够吸引学生注意力，并且让学生初步了解教师节的由来。 通过教学让学生知道教师节的时间以及教师节祝福语。 通过情境练习实践激发学生的学习兴趣，让学生能够更好地理解、掌握这节课的知识
四、小结	1. 点评这节课每个学生的表现，并根据学生表现奖励强化物。 2. 宣布下课，与学生再见，"同学们，再见"	1. 学生坐好。 2. 与老师再见，"老师，再见"	上下课礼仪是每节课必需的，用来区分上下课的仪式感
板书设计	课题：教师节 时间：9月10日是教师节 教师节祝福语："老师，教师节快乐"		

续 表

教学反思
教师节是个感谢教师的节日，虽然我们的学生是特殊学生，但老师是他们读书时期一直陪伴着他们的人，老师就相当于他们在学校里面的爸爸妈妈。对于特殊学生来说，在学校时，看到老师能够主动打招呼，说一声"老师，教师节快乐"就是对老师最大的安慰。这是一种正常的、必要的社交礼仪，这节课的教学内容对于学生们来说简单而重要。在本节课中，学生初步了解了9月10日是教师节，并让学生初步学习了教师节的祝福语"老师，教师节快乐"，且通过角色扮演的小游戏来提高学生的交流、互动能力。接下来就要锻炼学生的主动性，让他们学会主动表达，这样的教学才为有效

第二课时：国庆节

教学内容分析	国庆节是一个国家制定的，用来纪念国家成立的日子，每个国家的国庆节都有其非凡的意义。 中国的国庆节是每年10月1日，在1949年10月1日，毛泽东主席在天安门激昂慷慨地宣布"中华人民共和国成立"，这一天对于中国人民有着历史性的意义，被定为中国的国庆节。 无论男女老少，作为中国公民来说，中国的重大节日都应该知道，作为中华人民共和国的一分子，每一次的国庆节都要一起来感受国家的强大		
教学目标	1. 了解五星红旗是我国国旗（底部：红色，还有五颗黄色的五角星），学会正确将五角星粘贴至红色纸上，制作五星红旗。 2. 通过示范、讲授、情境体验、实践，让学生加深五星红旗的概念。 3. 通过教学增加学生的爱国主义情怀，感受国家的强大		
教学重难点	重点：了解五星红旗是我国国旗；制作五星红旗。 难点：制作五星红旗		
教学方法	示范法、讲授法、情境体验法、实践法		
教学准备	红色的纸若干、五角星若干（根据学生的实际数量准备）、胶水、代币、零食强化物		
教学环节	教师活动	学生活动	设计意图
一、暖身活动	1. 教师组织学生在座位上坐好后，与学生相互问好，"同学们好"。 2. 聆听国歌《义勇军进行曲》，并引导学生一起唱国歌	1. 在座位上坐好，与老师相互问好，"老师好"。 2. 聆听国歌，会唱的学生一起跟着唱	1. 让学生意识到已经是上课时间。 2. 吸引学生的注意力，活动与课程关联，起到承上启下的作用

教学环节	教师活动	学生活动	设计意图
二、课前导入	播放国庆节的阅兵式视频	观看视频	
三、教学内容	1. 询问学生在视频中看到了什么？ 2. 讲解国庆节的由来和意义。 10月1日国庆节是中华人民共和国成立的时间，是中国重生的根基，也是中国强大、富裕的开始。 3. 国庆节要做什么？（观看阅兵式） 4. 出示五星红旗图片。 讲解：红色底，右上角有五颗星星。 5. 学习制作五星红旗。（将五角星贴至红色纸上） 6. 作品展示	1. 聆听国庆节的由来和意义。 2. 了解五星红旗是红色底，右上角五颗星星的分布规律。 3. 制作五星红旗	让学生感受、了解国庆节对于中国的重大意义。 五星红旗是中国的国旗，身为公民有责任和义务了解五星红旗的形状。 通过制作五星红旗让学生对其形状更加记忆深刻
四、小结	1. 对本节课的内容进行小结。 10月1日是国庆节。 五星红旗是红色底，右上角有五颗星星。 2. 对本节课表现好的学生进行表扬，并进行代币的兑换	1. 回答问题：10月1日是国庆节，五星红旗是红色的，右上角有五颗星星。 2. 利用代币进行零食的兑换	1. 利用回答问题的形式，加深学生对本节课内容的记忆。 2. 代币兑换让学生在课堂学习更加有动力
板书设计	标题：制作五星红旗 时间：10月1日是国庆节		

教学反思

这节课对于学生来说是比较陌生但又熟悉的课程。学校每周一都会举行升旗仪式，在教室的前方都可以看到国旗，但是学生没有近距离地接触国旗，也没有系统地讲解过国旗的类型。学生对于这节课接受的速度很快，在制作国旗时，时长会不一样（国旗是由一颗大星星、四颗小星星组成的），位置粘贴错误的地方，在下次课程的时候，我们可让能力略低的学生另行制作教具，在红色的纸上标记五角星的位置，给予学生一定的视觉提示。老师也可以使用任务分析法，与学生一起制作，学生模仿着老师的步骤制作，并由老师进行指导，降低操作难度，提升学生的成就感

第三课时：建军节

教学内容分析	每年8月1日是中国人民解放军建军纪念日，俗称八一建军节。1949年6月15日，中国人民革命军事委员会发布命令，以"八一"两字作为中国人民解放军军旗和军徽的主要标志。中华人民共和国成立后，将此纪念日改称为中国人民解放军建军节。建军节期间，中国各地都要集中开展"拥军优属、拥政爱民"的活动，纪念中国人民解放军诞生		
教学目标	1.通过教学了解：8月1日为建军节，是中国人民解放军的生日。 使学生了解游戏规则，将游戏玩好。 2.通过游戏的方法让学生能够在趣味的活动中掌握建军节的知识。 3.让学生能够明白当今幸福生活的来之不易。 IEP目标：锻炼学生手眼协调能力、合作能力		
教学重点难点	重点：8月1日为建军节，是中国人民解放军的生日。 难点：了解游戏规则，能够合作完成游戏		
教学方法	情境教学法、游戏法、讲授法		
教学准备	两顶小军帽、强化物		
教学环节	教师活动	学生活动	设计意图
一、暖身活动	1.教师组织学生在座位上坐好并与学生相互问好，"同学们好"。 2.观看动画片嘟拉讲故事——《八一建军节的由来》	1.坐好后与老师相互问好，"老师好"。 2.观看动画片嘟拉讲故事——《八一建军节的由来》	1.师生相互问好，进行上课礼仪的互动。 2.利用与上课内容衔接的动画片引起学生的学习兴趣，起到承上启下的作用
二、新授导入	播放八一建军节大阅兵视频，在旁边讲解，成为一名人民解放军是需要付出巨大努力的。 首先，需要头顶戴着绿色的军帽，不能掉下来。 其次，需要站得很标准的军姿。 最后，需要一个很标准的敬礼	认真观看视频，并聆听教师讲解	让学生对军人有个初步的认识，激发学生的学习兴趣
三、教学内容	1.建军节的由来。 建军节是我们中国人民解放军的生日，我们中华人民共和国是由我们的人民解放军的血肉筑成的。一直到现在，人民解放军依然为我们的国家保驾护航，我们现在能够在学校安心上课，都是解放军叔叔给予我们的保障。	1.聆听教师讲解。	通过上面的视频让学生感受到解放军的重要性，所以需要学生掌握建军节的时间，让学生记住人民解放军的生日是8月1日。

教学环节	教师活动	学生活动	设计意图
三、教学内容	2.建军节的时间。 8月1日就是建军节，也是中国人民解放军的生日，大家来跟我读一下"8月1日，建军节"。 3.军人需要做到的四件事情。同学们知道吗，要成为一名优秀的人民解放军是非常不容易的，他们需要承受常人无法承受的责任和担当。 首先，他们的身体是非常棒的，每天都能把饭菜吃完，保证十分强健的体魄，且不浪费粮食，懂得珍惜。 其次，他们需要头顶戴着绿色的军帽，不能掉下来，保证仪容仪表规范。 再次，需要站得很标准的军姿。 最后，需要一个很标准的敬礼。 同学们来尝试一下成为一名优秀的解放军吧。 老师示范解放军的动作。 学生模仿老师做解放军的动作： （1）军帽不落地。 （2）站军姿。 （3）标准的敬礼	2.齐读"8月1日，建军节"。 3.学生模仿老师做解放军的动作： （1）军帽不落地。 （2）站军姿。 （3）标准的敬礼	 学习解放军的动作，让学生感受解放军的付出
四、小结	1.对本节课内容进行小结： 8月1日是建军节。 让学生进行站军姿的学习。 2.点评这节课每个学生的表现，并根据学生表现奖励强化物。 3.下课礼仪：宣布下课，与学生互相道别，"同学们，再见"	1.回答问题：8月1日是什么节日——"建军节"。 2.上台进行站军姿学习。 3.获得强化物 4.与老师道别，"老师，再见"	1.以提问的方式让学生加深对本节课内容的记忆。 2.下课礼仪，感谢老师的授课，并区分上课、下课
板书设计	时间：8月1日是建军节		

续 表

教学反思

8月1日建军节是中国人民解放军建军纪念日。本节课,让学生初步认识建军节的由来、时间以及让学生感受军人的付出。学生通过看视频、听解析、读词句的方式进行概念学习,对于8月1日建军节有了初步的了解,并通过"站军姿""敬礼"等标准动作来体验解放军的辛苦和不容易。

结合游戏来认识建军节和解放军。通过观看视频激发学生的学习兴趣,再充分利用与课程相关的小游戏提升学生的参与感和实操能力,对学习后续的内容将会事半功倍

第四课时:建军节——军帽不落地

教学内容分析	8月1日是我们中国人民解放军的生日,为了让学生了解人民解放军为保卫祖国用血肉筑起了钢铁长城,展示解放军团结、积极向上的精神面貌、军人素质以及团结协作能力,明白当今幸福生活的来之不易。 为了让学生体会到解放军的艰苦与不易,设计了"军帽不落地"活动,通过教师对游戏规则的讲解以及前期的游戏示范,让学生快速理解游戏、掌握游戏的玩法,使学生在游戏活动中体会解放军的生活		
教学目标	1. 通过教学了解8月1日为建军节,是中国人民解放军的生日,使学生了解游戏"军帽不落地"的规则。 2. 通过游戏的方法让学生能够在趣味的活动中掌握"军帽不落地"的方法。 3. 让学生能够明白解放军的不容易,了解当今幸福生活的来之不易。 IEP目标:锻炼学生手眼协调能力、合作能力		
教学重难点	重点:能够完成"军帽不落地"游戏。 难点:了解"军帽不落地"游戏规则		
教学方法	讲授法、示范法、游戏教学法		
教学准备	两顶小军帽、代币、零食强化物		
教学环节	教师活动	学生活动	设计意图
一、暖身活动	1. 上课礼仪:师生相互问好,"同学们好"。 2. 观看视频《那年那兔那些事儿:在烈日底下站军姿》	1. 上课礼仪:与老师相互问好,"老师好"。 2. 观看视频《那年那兔那些事儿:在烈日底下站军姿》	1. 师生相互问好,提示学生已经到上课时间。 2. 观看视频,体会解放军的不容易
二、复习旧知	8月1日是建军节,是我们中国人民解放军的生日。 昨天解放军的三个动作:戴军帽,站军姿,敬礼。来尝试一下	复述:8月1日建军节	唤醒学生上一节课时学习的记忆,使学生能够更快速地融入本节课内

教学环节	教师活动	学生活动	设计意图
三、教学内容	1. 观看"军帽不落地"视频。观看视频，直观地感受这个游戏的玩法，并通过观看视频了解游戏成功时的喜悦和失败时的情感。 2. 讲解游戏规则。 "军帽不落地"游戏规则：这是一个需要两人完成的游戏，一人站立，一人坐着。站立方拿着帽子在坐着方眼睛前面停留，站立方数"1、2、3"后将手松开，让帽子垂直降落，坐着方眼疾手快地将垂直降落的帽子抓住视为成功。没有抓住帽子视为失败。失败方需要上台表演一个节目。 3. 助教示范玩法。 4. 助教和学生尝试玩游戏。 先让学生都来尝试一下坐着抓帽子，体验一下成功的感觉。当学生掌握得稍微熟练后，可让能力好的两个学生相互配合	1. 观看视频。 2. 观看教师示范玩法。 3. 与教师一同体验游戏	通过观看视频，让学生能够正确地表达成功和失败的情绪。 通过游戏教学，体会军帽对于军人的重要性，军帽不可落地。 通过教师示范，能够更直观地让学生明白游戏的玩法
四、小结	1. 小结本节课的学习内容。 学习了"军帽不落地"游戏规则。尝试了玩"军帽不落地"游戏。 2. 对本节课学生的表现提出表扬或批评，并进行代币兑换。 3. 下课礼仪：师生相互道别，"同学们，再见"	1. 请学生上台演示"军帽不落地"游戏。 2. 代币兑换零食。 3. 下课礼仪：师生相互道别，"老师，再见"	1. 锻炼学生的注意力、反应力及手眼协调能力。 2. 利用代币激发学生的学习动力
板书设计	标题：军帽不落地		

教学反思

在上课前复习了旧知，能够很好地将上节课的记忆唤醒，在新授课时能够让学生更好地融入课堂。

本节课结合游戏活动对学生进行教学。游戏是学生最喜欢的活动之一，将游戏融入教学内容能够更好、更快速地激发学生的兴趣，使学生的思绪更加投入教学中。在游戏中，通过游戏规则的解读能够让学生增加理解能力。利用游戏进行教学能够快速地吸引学生的注意力和培养学生学习的兴趣，使学生不仅将课内的重点知识掌握了，还能提升学生的理解能力，一举两得

第五课时：建军节——敬礼

教学内容分析	8月1日是我们中国人民解放军的生日，为了让学生了解人民解放军为保卫祖国用血肉筑起了钢铁长城，展示解放军团结、积极向上的精神面貌、军人素质以及团结协作能力，明白当今幸福生活的来之不易。 敬礼是每个学生必须学会的技能之一，每当升国旗时，不仅需要奏唱国歌，目视国旗，还需要对国旗进行敬礼。敬礼表示对国家的尊敬
教学目标	1.通过教学了解8月1日为建军节，是中国人民解放军的生日。 了解"站军姿""敬礼"的规则及动作。 2.通过游戏的方法让学生能够在趣味活动中掌握"站军姿""敬礼"的标准。 3.让学生能够明白解放军的不容易，了解当今幸福生活的来之不易。 IEP目标：让学生听指令，学生手部动作要精细，让学生学会立正站
教学重难点	重点： 1.让学生学会立正站好。 2.让学生用右手中指轻顶太阳穴处，敬礼。 难点： 能够在国歌结束前保持站姿和敬礼
教学方法	情境体验法、讲授法、示范法
教学准备	升国旗的视频、教学PPT

教学环节	教师活动	学生活动	设计意图
一、暖身活动	1.上课礼仪：师生相互问好，"同学们好"。 2.进行"军帽不落地"小游戏的练习	1.上课礼仪：师生相互问好，"老师好"。 2.玩"军帽不落地"小游戏	1.上课礼仪可以将学生的注意力集中到课堂。 2.通过学生感兴趣的游戏，快速激发学生的学习兴趣
二、视频导入	播放《升国旗》的视频，组织学生安静观看	观看《升国旗》视频	通过视频让学生感受升国旗时的庄严
三、教学内容	1.教学导入。 同学们，刚刚从视频里面大家看到了什么呢？（升国旗） 同学们想不想像解放军叔叔一样升国旗呢？ 我们升国旗可是要很严肃的，而且需要大家先练习一下才可以哦！ 2.训练"站军姿"。 好，现在老师先来示范如何"站军姿"。	1.学习"站军姿"。	虽然学生在每周一早上都有升国旗，但是由于经验的缺失，不理解升国旗的含义，且动作不规范，所以在本节课让学生了解升国旗的含义，并规范升国旗的动作

续 表

教学环节	教师活动	学生活动	设计意图
三、教学内容	首先，双脚并拢，站直。 其次，两手垂直向下，紧贴裤子两侧。 需要坚持1分钟。 3.学生示范"站军姿"。 4.训练"敬礼"。 现在老师来给大家示范一下"敬礼"。 右手稍微向外翻，右手中指轻顶太阳穴处，敬礼。 5.学生示范"敬礼"。 6.升国旗。 全体起立，站军姿，奏国歌，向国旗敬礼	2.上台示范"站军姿"。 3.学习"敬礼"。 4.上台示范"敬礼"。 5.升国旗	
四、小结	1.总结本节课的内容。 升国旗的步骤：站军姿，敬礼。（并请学生示范） 2.总结学生本节课的表现，并对表现优秀的学生给予代币兑换机会。 3.下课礼仪：师生相互道别，"同学们，再见"	1.上前示范升国旗的步骤。 2.代币兑换零食。 3.下课礼仪：师生相互道别，"老师，再见"	1.通过上前示范提升学生的自信心，并使得学生对本节课的内容记忆更加深刻。 2.兑换代币，实现代币的价值，提升学生的学习动力
板书设计	标题：升国旗 内容：站军姿、敬礼		

教学反思
本节课规范了学生升国旗时的动作，体会了一次正式的升国旗，并让学生了解升国旗的含义，让学生在升国旗时能够感受到解放军的不容易。 在教学时，讲解的内容没有太多，大部分都是视觉提示以及实践为主，对于低年级的学生能够起到很好的教学效果，对于高年级的学生来说，各项能力均强，在教授理解的内容时可根据学生能力进行增减，且需要贴合实际。 本节课根据学校的实际情况"每周一的升旗仪式"进行教学，不仅贴合学生的生活实际，让教学与生活实际相结合，而且通过在教室的实践活动让学生在实践中学习知识，且取得了事半功倍的教学效果

第一单元 我的祖国——我的家乡

惠州市特殊学校 何丽群

小主题：我的家乡

课时：5课时

第一课时：家乡菜

教学内容分析	"家乡菜"是本月主题"我的家乡"下面的小主题"吃在惠州"的一个内容。本课将以家乡的特色菜作为切入点，引起学生的兴趣，拉近自己和家乡的距离，为后面学习其他内容做铺垫		
教学目标	知识与技能： 1.让学生认识六种家乡菜的名称。 2.培养学生看图、看字说出家乡菜名，提高学生的语言表达能力。 3.提高学生的书写能力。 过程与方法： 通过图片展示、讲解，情境演练等方法让学生认识家乡菜、了解家乡菜。 情感态度与价值观： 1.通过了解家乡菜，激发学生对家乡的热爱之情。 2.让学生养成不挑食的好习惯		
教学重难点	重点： 1.让学生认识家乡菜的名称。 2.提高学生的表达能力。 难点：对重点字"豆""黄"的认读和拼写		
教学方法	讲授法、示范法、情境演练法		
教学准备	菜谱、菜的字卡、图卡、作业表格、代币		
教学环节	教师活动	学生活动	设计意图
一、教学导入	同学们，你们知道你们的家乡是哪里吗？你们的家乡有哪些特色菜吗？ 板书：家乡菜	学生根据老师提示回答	通过谈论与家乡有关的话题，拉近学生与家乡的联系，引发学生对"家乡菜"这一话题的兴趣
二、教授新课： 1.认识家乡菜。	1.出示图片，依次展示酿豆腐、三杯鸭、盐焗鸡、梅菜扣肉、黄焖肉、腊肉炒荷兰豆六道家乡菜，并认识它们的名称。	看图，认识家乡菜的名称。	初步了解家乡菜的名称，为接下来的学习做铺垫。

教学环节	教师活动	学生活动	设计意图
2. 认读汉字"豆""黄"并组词。 3. 描一描 4. 书写汉字"鸡""鸭"	2. 依次出示家乡菜的字卡，对重点和难点字词用不同颜色标注。 3. 引导学生把家乡菜的图片和文字进行配对。 4. 抽出字卡："豆""黄"，引导学生组词。 出示"豆""黄"两个字的书写视频，引导学生根据笔画、笔顺进行描红。 老师指导学生在田字本上书写汉字"鸡""鸭"，强调学生容易写错的部分	学生齐读、个别读，对重点和难点字词反复认读。 图文配对。 学生根据老师的提示用"豆""黄"两个字组词。 学生在描红本上描红汉字"豆""黄"。 学生根据老师的指导书写汉字"鸡""鸭"	提高学生听、说及认读字词的能力。 加深对家乡菜名的记忆与了解。 提高学生汉字的认读能力及语言表达能力。 提高学生的描红能力。 提高学生的书写能力
三、分组活动	A组：一个学生说，一个学生拿字卡，并描写"豆""黄"。 B组：图片和字卡配对。 C组：图图配对	根据任务清单完成相应的任务	根据学生的程度进行分组，完成相应难度的任务，使学生学有所得
课堂小结	对学生的作业及课堂表现进行小结并奖励代币	贴代币，并数一数有几个	及时反馈学生的表现，有利于学生调整课堂状态
四、作业	发放作业表格	完成作业	巩固新知
板书设计	家乡菜 酿豆腐（字卡、图卡）　　　　三杯鸭（字卡、图卡） 盐焗鸡（字卡、图卡）　　　　梅菜扣肉（字卡、图卡） 黄焖肉（字卡、图卡）　　　　腊肉炒荷兰豆（字卡、图卡） 豆黄（字卡、图卡）		
教学反思 本节课是本月主题"我的家乡"的第一课时。主要介绍六道家乡特色美食。培智学生的抽象思维较弱，本课通过学习各种特色美食让学生对自己的家乡有一个初步的了解，同时激发学生的爱乡之情。 本课的导入部分通过提问的方式，让学生思考自己的家乡在哪里，有哪些特色菜，同时教师趁机了解学生对自己家乡的了解程度。新授课的部分主要是通过听、说、读、写四个方面学习家乡的六道特色菜。分别设置了看图认识家乡菜，看文字认菜名，图文配对，看视频学习"豆""黄"，描红，书写等教学环节，让学生多感官、多角度地了解、学习家乡特色菜。			

在分组活动中，根据学生的程度设置了A、B、C三组，A组学生锻炼他们说和写的能力；B组学生锻炼他们图文配对的能力；C组学生锻炼他们图图配对的能力。分组的活动使学生的能力得到不同程度的提高，也提高了学生的互助学习能力。

在整个教学过程中，教学思路清晰，教学准备充分，学生的参与度很高，教师设置的教学内容能照顾到每个学生的能力。但是，课堂活动设置的内容稍多，特别是书写这一环节，让其他活动没时间进行，应该把书写单独安排一个课时

第二课时：食材大变身

教学内容分析	本教学内容选自学校主题"我的家乡"之"食材大变身"。通过这一主题，让学生认读词汇，理解句子，并学会句子的仿说，促进学生主动参与学习，积极体验生活，能动发展自我		
教学目标	A组：能认读字词鸡、鸭、猪肉、梅菜、豆腐。能仿说句子"猪肉和豆腐可以做成酿豆腐"等。能听懂老师的问题并正确回答。还有哪两种食材合在一起可以做成一道菜？（茄子和猪肉、番茄和鸡蛋、牛肉和青椒等） B组：能认读字词鸡、鸭、猪肉、梅菜、豆腐。能把图片与词组配对，能在提示下表达句子。 C组：能仿说字词鸡、鸭、猪肉、豆腐；在辅助下参加课堂教学，完成练习图图配对		
教学重难点	1. 认识字词：鸡、鸭、猪肉、豆腐。 2. 认读句子：鸡可以做成盐焗鸡。鸭可以做成三杯鸭。猪肉和豆腐可以做成酿豆腐。 3. 理解不同的食材可以做出不同的美味佳肴		
教学方法	讲授法、启发法、情境教学法、视频演示法、练习法等		
教学准备	希沃白板课件、字卡、图卡、食材模型、视频、A组练习题（词组的描写）、B组练习题（图片与词组的配对）、C组习题（图图配对）		
教学环节	教师活动	学生活动	设计意图
一、复习导入（PPT）	同学们，你们还记得上节课我们学习的这几道菜都叫什么名字吗？那你们知道这些菜都是由什么食材做出来的吗	1.回忆。 2.个别学生说菜名。 3.学生齐读菜名	通过回忆上节课的内容，激发学生学习新知识的欲望

续 表

教学环节	教师活动	学生活动	设计意图
二、新授 1.出示题目。 2.字词、句子的学习。 （1）食材大变身，变出盐焗鸡。	板书：美味佳肴——食材大变身。 你们知道这些美食都是由什么食材做出来的吗？ 出示图片：盐焗鸡。 提问：盐焗鸡是由什么食材做的？ 出示视频——盐焗鸡的制作方法。 小结：盐焗鸡是由鸡的食材做成的。 出示文字：鸡。 带读，指导学生认读。 出示课件，学习句子：鸡可以做成盐焗鸡。 带读。	齐读、个别读、小组读。 学生思考，回答问题。 思考，尝试回答老师的问题。 观看视频，寻找答案。 齐读、个别读、轮流读。 齐读、个别读、轮流读。	对新知有初步的感知。 培养学生思考的能力。 培养学生独立思考、探究的能力。 训练学生听、说、认的能力。
（2）食材大变身，变出三杯鸭。	话题导入：你们猜猜老师最喜欢吃的一道菜是什么菜吗？ 引出三杯鸭。 提问：你们知道它是由什么食材做出来的吗？ 播放视频——三杯鸭的制作方法。 提问：你找到三杯鸭是由什么食材制作出来的吗？ 小结：三杯鸭是由鸭子做出来的。 出示"鸭"的字卡，认读。 学习句子：鸭可以做成三杯鸭。 带读。	学生发表自己的意见。 学生观看视频，寻找答案。 锻炼学生认读汉字的能力。	从老师喜欢吃的家乡菜作为切入点，能提高学生学习的兴趣。
（3）食材大变身，变出酿豆腐。	谜语导入：这东西，白又嫩，能做菜，能煮汤，豆子是它爹和妈，它和爹妈不一样。（豆腐） 提问：你知道豆腐可以做出什么菜吗？ 引出酿豆腐这道家乡菜。 出示字卡：酿豆腐。 提问：你们吃过这道菜？你知道它们是由什么食材做出来的吗？ 播放酿豆腐的视频，引导学生找出制作这道菜的食材。	学生猜谜语。 思考并回答问题。 认读。	谜语导入大大提高学生学习兴趣。 发散学生思维，并培养学生留意身边的人和事的习惯。 培养学生解决问题的能力。

教学环节	教师活动	学生活动	设计意图
3.练习巩固	小结：酿豆腐是由豆腐和猪肉做出来的。 出示"豆腐""猪肉"字卡，认读。 学习句子：猪肉和豆腐可以做成酿豆腐。 字卡和图片配对，学习词组：鸡、鸭、猪肉、豆腐。 教师示范句子： 　　鸡 ——→ 盐焗鸡。 （图片）（图片） 引导学生仿说： 鸡可以做成盐焗鸡。 　　鸭 ——→ 三杯鸭 （图片）（图片） 鸭可以做成三杯鸭。 　　猪肉 + 豆腐 = 酿豆腐 （图片）（图片）（图片） 猪肉和豆腐可以做成酿豆腐	观看视频，寻找答案。 跟读、分组读、个别读。 学生跟读。 学生仿说	培养学生的语言表达能力。 通过教师示范，学生仿说的活动，提高学生的迁移能力
三、随堂练习	A组：描写字词并读一读句子。 B组：字词配对。 C组：图图配对。 巡视指导，并利用希沃展台评价学生作业	学生完成练习，自查薄弱部分	能有效地掌握学生对知识的掌握情况
四、拓展	土豆和鸡肉可以做成土豆焖鸡，牛肉和青椒可以做成青椒炒牛肉。你还能想到什么菜式？它们都是由什么食材做出来的呢	学生思考并把自己的想法说出来	拓展学生思维，并培养学生对事物发表自己见解的能力
五、作业安排	1.和爸爸妈妈一起想出五种菜式，并试着在家里做一做。 2.说说这五道菜分别是由什么食材组成的	根据老师的要求完成作业	巩固新知，锻炼学生听从指令的能力
板书设计	美味佳肴——食材大变身 鸡（图片）可以做成盐焗鸡（图片） 鸭（图片）可以做成三杯鸭（图片） 猪肉（图片）和豆腐（图片）可以做成酿豆腐（图片）		

教学反思

"美味佳肴——食材大变身"这节课教材的选取来自两个方面，一是《培智学校义务教育课程标准（2016年版）》中，生活语文课程标准指出低年级（一至三年级）识字与写字的要求，能认读和书写一定数量的常用汉字。二是结合学生的个别化教育目标及学校的"我的家乡"的主题使学生能够实现提升词汇的量和提升书写技巧的个别化的教育目标。

教学过程中几个环节的目的都是帮助学生了解不同的菜式是由不同的食材做成的。用到培智教学的策略"小步子，多循环"，培智学生学习知识、再现、再认都是较困难的，多重复教学是最好的方法。在图图配对、图文配对环节，注重多层次教学，使学生的不同目标在这同一活动中得到体现。针对培智学生学习知识后不好泛化的情况，教学中涉及在生活中的实物及图片，有助于将所学知识泛化。最后通过希沃点评把学生的作业在电脑上呈现，学生的兴趣和积极性还是很高的，毕竟三年级的培智学生学习词组还需要多培养兴趣，到达一定的量时，这些知识才会反过来为学生服务。

教学中也会有意识地让学生进行句子的练习，学生的语言表达能力较弱，发音不清晰，很容易含混就过去了，因此让学生通过多读、慢点纠正学生的发音。我们在教学中会时刻提醒学生说话慢点、清晰点。

最后的分组教学是基于学生的书写能力、认知能力进行的分组。A组学生的书写完成情况还是不错的，基本都完成了各自的任务。B组学生的完成情况也不错，能做到图文配对并读出字卡。C组学生的完成情况也不错，能做到图图配对并能读出图卡。分组教学活动的目的是减少学生的等待时间，在不同的组别内实现各自的个别化教育目标，也体现我们特殊教育的差异教学原则和照顾学生的个别需求。

当然，本节课也有很多不足之处，如C组个别学生朗读声音不够洪亮等；基于对学生的程度不够了解，设置的某些教学内容不够贴合学生的学习特点，导致学生参与度不高

第三课时：调味品知多少

教学内容分析	本课内容是在认识家乡菜、认识食材基础上的拓展延伸，但也是学生熟悉的题材，既与主题相关，也是生活中常见并且很重要的知识。学习本课知识，帮助学生进一步了解家乡菜，并懂得在生活中不同味道的菜要放不同的调味品
教学目标	通过看、摸、尝、闻使学生了解调味品的显著特征并能正确区分调味品。能将自己观察到的结果用语言"这是_____。它是_____的。"清楚地表达出来。在活动中培养学生的动手能力、激发学生探索的兴趣
教学重难点	重点：能分辨不同的调味品，并用句子"这是____"介绍调味品。 难点：1.能用相应的形容词描述调味品的形状、颜色、状态。 　　　2.能用酸、甜、咸、辣等词语描述调味品的味道

教学方法	讲授法、演示发、启发法、练习法		
教学准备	每人4个一次性杯子、词卡、勺子、糖、盐、醋、辣椒		
教学环节	教师活动	学生活动	设计意图
一、教学引入	同学们，我们昨天认识了很多的美味佳肴，有三杯鸭、盐焗鸡、酿豆腐（图片），你们知道，要做出这么美味的菜，除了需要食材外，还需要什么呢？今天老师就带大家一起去认识常见的调味品	思考，调整课堂状态	激趣导入，激发学生的兴趣
二、新授：认识调味品 1. 看一看 2. 摸一摸 3. 闻一闻 4. 尝一尝 5. 学说句子	（1）出示调味品的包装，引导学生认识调味品的名称。 （2）师带读。 （3）师分别把四种调味料装在杯子里，引导学生说出调味品的颜色。 让学生用手触摸调味品，并引导学生说说调味品的状态。 师把装有调味料的杯子给学生闻，引导学生说出调味品的味道。 师用小勺子给每个学生尝调味品的味道，并引导学生说酸、甜、咸、辣表示味道的词语。 根据调味品上的字卡，引导学生用"这是____。它是____的。"来介绍调味品	让学生根据包装上的字说说调味品的名称，并在相应的调味品上贴上字卡。 跟读、齐读、个别读。 生观察调味料的颜色，说出调味品的颜色，如盐是白色的；醋是褐色的等。 用手摸一摸调味料，并说一说它们都像什么，如细细的、粗粗的、像水一样的。 学生说说调味品的气味，如无味的、酸酸的等。 学生品尝调味品的味道，说出甜、咸、酸、辣等味道。 说出表示味道的词语，并把字卡贴到相应的调味品上。 跟读、个别读	调动学生多感官地学习，从调味品的颜色、状态、味道、气味进行学习。 培养学生的口头表达能力
三、小组活动	给学生分派任务清单，巡视指导学生完成任务	A组：根据调味品的形状、气味、颜色，分辨四种调味品，贴上调味品名称和味道的字卡，并完成句子。 B组：根据调味品的形状、气味、颜色，分辨四种调味品，贴上调味品名称的图卡。 C组：在老师的提示下，说出每种调味品的名称	分层次教学，减少学生等待的时间，兼顾全班学生的学习特点和程度

续　表

教学环节	教师活动	学生活动	设计意图
四、小结	同学们，要做出美味佳肴，除了要有好的食材，调味品也是很重要的，调味品用得好，这道菜就变得美味、可口，但是如果调味品没用好，这道菜就很难吃，你可能就吃不下去了，所以同学们如果想学做菜，就必须能分辨出调味品，知道调味品的味道、用途	回顾本节课内容，自查课堂表现	及时反馈学生的课堂表现和学习情况，好的继续加强，不够好的地方及时改正
五、作业	A组：写出当天爸爸妈妈做的两道菜中分别加了什么调味品。 B组：观察家里的厨房有哪些调味品，并尝一尝它们都是什么味道。 C组：回家后在厨房找出今天学过的四种调味品	根据老师的安排，完成相应的任务	通过练习巩固课堂所学
板书设计	调味品 糖、盐、醋、辣椒 这是_____。它是_____的（字卡+图卡）		

教学反思

本节课教学环节紧凑、环环相扣，设计的教学活动符合学生的学习特点，充分发挥了学生的学习主动性，课堂气氛活跃。导入部分先复习上节课的内容，复习旧知识过渡到新知识的学习，衔接自然。新授课部分让学生看一看、摸一摸、闻一闻、尝一尝都在帮助学生认识调味品，了解它的颜色、形状、味道、气味，并且知道它的作用，同时也在无形中培养了学生的探究精神以及表达表现的能力。小组活动部分，按学生的程度分成三组，根据学生的学习程度和特点安排不同的学习任务，做到集体教学，个别辅导。作业部分是对本节课知识的复习与拓展，培养学生的创新能力，顺利地完成了本次的教学目标。

但是在尝一尝这个环节占用了太多的时间，以至于后面的环节时间比较紧张。在品尝调味品的过程中，学生反应太大了，有些跑去喝水，有些跑去垃圾桶，场面有些难以控制，应该把大组的活动改为小组的活动，由组内的老师带领学生完成这一教学环节

第四课时：我不挑食

教学内容 分析	本节课是在学习了调味品的味道的基础上展开的，目的是让学生分辨生活中的 蔬菜水果的味道，并能找出相同味道的蔬菜水果，教育学生不能挑食，各种口 味的蔬菜水果都要，这样身体才能棒		
教学目标	知识与技能：1.学生学会分辨蔬菜的味道。 　　　　　　2.提高学生的认知及口语表达能力。 过程与方法：通过讲授法认识生活中常见的蔬菜水果；启发法认识蔬菜水果的 味道；练习法找出同类味道的蔬菜水果。 情感态度与价值观：教育学生不挑食，养成良好的饮食习惯		
教学重点 难点	重点： 1.认识瓜果蔬菜。 2.学习瓜果蔬菜的味道。 难点： 1.分辨瓜果蔬菜的味道。 2.让学生养成不挑食的习惯		
教学方法	讲授法、启发法、练习法		
教学准备	李子、哈密瓜、辣椒、苹果、番茄、姜		
教学环节	教师活动	学生活动	设计意图
一、复习 导入	同学们，我们上节课认识了四种 调味品，你还记得它们是什么味 道的吗？有了这些不同味道的调 味品，我们就能做出不同味道的 菜了。生活中我们也有不同味道 的蔬菜水果，今天我们一起去认 识它们，给它们分分类	思考并回答问题	温故知新，为 学习新知识做 铺垫
二、新授 课 1.认一认 2.尝一尝 3.说一说 4.分一分 5.学句子	出示李子、哈密瓜、苦瓜、苹 果、番茄。 1.把李子、哈密瓜、苦瓜切成小 块，并请学生尝一尝这些水果的 味道。 2.引导学生说出它们的味道。 3.学习酸、甜、苦的味道词语。 4.把苹果、番茄、苦瓜切成小块 让学生品尝，并根据味道分类。 出示"我喜欢吃＿＿＿＿＿，它 是＿＿＿＿＿（味道）"，学习 句子	说出蔬菜水果的名称。 品尝水果。 尝试说出水果的味道。 把相应味道的字卡贴在对应 的蔬菜水果上。 跟读、轮流读、个别读。 品尝，根据味道把李子、哈 密瓜、苦瓜进行分类。 选择自己喜欢的味道，完成 句子。 跟读、轮流读、个别读	引起学生的 兴趣。 品尝让学生对 味道有切身 体会。 复习酸、甜， 学习苦的味道 词语。 提高学生的口 语表达能力

教学环节	教师活动	学生活动	设计意图
三、分组学习	A组：摆放任意三种水果，学生品尝水果，并根据水果的味道选择正确的字卡。根据味道练习句子"我喜欢吃_____，它是_____（味道）的"。 B组：摆放三种水果，根据味道练习句子"我喜欢吃_____，它是_____（味道）的"。 C组：仿说句子	根据老师的分组，完成相应的练习	满足不同学生学习程度和学习特点的学习需求
四、小结	同学们，今天我们认识了三种不同味道的蔬菜水果，这些蔬菜水果能让我们的身体变得健康，所以我们平时不能挑食，多吃蔬菜水果身体棒	回顾课堂的学习内容，自己查对知识的掌握情况	对本节课的内容进行回顾，对知识点加深印象
五、作业	找出另外五种蔬菜水果，并说出它们的味道	完成学习任务，查漏补缺	巩固课堂所学
板书设计	我不挑食 酸 甜 苦 我喜欢吃_____。它是_____的		

教学反思

本课是以复习调味品为导入的，以此拓展到认识常见的蔬菜水果，并通过尝一尝分辨它们的味道。在这个环节，除了选择上节课学习过的酸、甜味道的水果外，还选择了新口味"苦"的苦瓜。复习旧知识的同时夹杂了一些新内容，符合培智学生"小步子，多循环"的学习规律。接着给不同味道的蔬菜水果分类。为了提高学生的口语表达能力，设置了练习说句子"我喜欢吃_____，它是_____（味道）"。吃是人的天性，这一部分内容的设置贴合学生的特点，学生的参与度也很高。在分组活动中，继续加强句子的学习，对程度好的学生变换内容训练他们的表达能力，对于说话不清楚的学生强调他们的发音。最后的小结部分除了总结本课的内容外，还教育学生多吃蔬菜水果，不能挑食。

本节课教学环节流畅，教学准备充分，设置的教学活动学生参与度高，课堂气氛活跃，但是学生平时生活中比较少接触到"苦"的食物，所以对"苦"的味道的学习还存在困难，日后需要加强此方面的学习

第五课时：我会点菜

教学内容分析	本课教材属于综合实践部分，主要是让学生把前面的内容理解消化后进行拓展，把课本知识与实际生活联系在一起，旨在让学生学有所成，学有所用		
教学目标	知识与技能： 1. 使学生学会点菜时的礼貌用语。 2. 使学生了解点菜时需要使用的语言。 过程与方法：通过看视频、教师示范、学生演练的形式让学生亲身体会点菜的流程。 情感态度与价值观：让学生体会就餐的流程、养成良好的点餐和就餐习惯		
教学重难点	1. 使学生了解点餐时的礼貌用语。 2. 使学生了解点餐时的常用语言		
教学方法	讲授法、演示法、情境教学法		
教学准备	视频、餐牌、纸、笔、代币		
教学环节	教师活动	学生活动	设计意图
一、教学导入	同学们，今天老师要带同学们去餐馆吃饭了。餐馆里有很多好吃的，你们喜欢吃什么呢？你们知道如何和服务员说吗	学生思考，回答问题	情境导入。激发学生学习的欲望
二、新课导入 1.复习菜名。 2.学习点餐语言	1. 场景布置，感受就餐情境，复习菜名。 2. 出示字卡，学习点餐语言。 你好，我想点餐。 我想吃＿＿＿＿＿。 我还想要＿＿＿＿＿。 好了，暂时就点这么多，谢谢	复习菜名。 齐读、轮流读、个别读。 根据对话感受就餐礼仪	通过复习旧知识提高学生的语言能力
三、情境演示 1.师生模拟。 2.生生模拟	师生示范——学生扮演顾客，师扮演服务员。 服：您好，请问有什么可以帮到您？ 服：请问您想吃什么呢？ 服：还需要其他的吗？ 服：好的，请稍等。 服：菜上齐了，请慢用。 观看学生的表演，引导学生点评	观看，模仿。 顾：我想点餐。 顾：我想吃＿＿＿＿＿。 顾：我还想要＿＿＿＿。 顾：谢谢。 顾：谢谢。 学生对就餐情境中的礼貌用语进行点评	学习就餐礼仪，感受语言的魅力。 通过点评他人的做法，强化语言在生活中的正确使用
四、课堂小结	回顾课堂环节，总结学生的课堂表现，并奖励相应的代币	回顾课堂活动，自查对知识的掌握情况	及时强化学生的行为

续 表

五、作业	回家后和爸爸妈妈再次模拟就餐情境，复习点菜用语	根据老师的要求完成相应的任务	复习巩固，及时强化
板书设计	我会点菜 1. 你好，我想点餐。 2. 我想吃_____。 3. 我还想要_____。 4. 好了，暂时就点这么多，谢谢		

教学反思

本节课是在前几节课对家乡菜的了解的基础上进行的，包括对家乡菜的菜名，食材的构成，味道的使用。本节课注重培养学生语言的理解、表达和应用能力。

首先是以带学生去参观吃饭进行导入，引起学生的兴趣。接着带领学生对前面学习过的菜名进行复习，帮助学生回顾家乡菜的名称和味道，为后面的点菜环节做铺垫。新授课部分主要是以两种形式进行：一是以视频的形式学习点餐语言，帮助学生初步感知点餐的流程及使用的语言。二是以情境模拟的形式帮助学生应用语言、内化语言。

课堂的几个环节都是围绕增强学生的语言表达和与人沟通能力进行的，根据学生的学习程度，围绕菜名、点餐用语、场景模拟等方面分别设置认真听、齐说、自主说、读、跟读等教学环节。在点餐的过程中，有些程度较差的学生说不出菜名，指导他们可以用手把菜名在菜单上指给服务员看或者用手语，增加学生的多种表达方式，提高学生与人沟通交往的能力。

但是，在设置餐牌的过程中，没有根据学生的程度设置不同的餐牌，导致学生在点餐时出现了困难，在以后的教学活动中，要根据学生的程度设计不同的教学用具

第一单元　我的祖国——爱国故事

龙门县特殊教育学校　黄海红

小主题：爱国故事——鸡毛信

课时：5课时

第一课时：了解抗日战争

教学内容分析	本单元是爱国故事集，让和平环境下成长的学生理解抗日英雄的事迹是比较抽象的，所以先让学生了解战争的背景
教学目标	1. 使学生了解故事背景，为学习故事做铺垫。 2. 思想教育：不能霸占不属于自己的东西。 3. 让学生正确对待历史

续 表

教学重难点	重点：了解什么是战争。 难点：正确对待历史		
教学方法	讲述法、观察法		
教学准备	视频、图片		
教学环节	教师活动	学生活动	设计意图
一、激趣导入	师：猜一猜我们中国比日本大多少？为什么我们两国会发生战争呢？想知道吗	比画两国的大小	让学生知道我国资源丰富
二、目标展示	教师口述目标		
三、新授 1.偷拿、霸占别人的行为是不对的。 2.了解中国和日本的大小。 3.抗日战争的发生。 4.了解日本侵略者在我国犯下的罪行	1.师：小晋同学买了一盒彩笔，很漂亮，我能放到我的书包里吗？ 2.结合班级小锶同学经常拿别人东西的行为进行思想教育。 3.拿别人的彩笔不对，可是有其他国家也想拿我们的东西，我们能同意吗？ 4.贴出中国的地图。教师在地图上选定一个区域，提问：这是哪里？展示我国的丰富物产。 贴出日本的地图。教师在地图上选定一个区域，提问：这是哪里？展示该地区物产。 对比两国各自拥有的物产。 师：比较两国的面积。 师：我们国家地大物博，所以有很多不怀好意的国家想发起侵略。 5.师：有一天日本军队说不见了一个士兵，要到我们军队找。能让他们随便进来找吗？ 找借口挑起战争，开始了抗日战争。 6.展示日本侵略者的恶行图片	学生答。 学生答：不可以随便拿别人的东西。 学生答：不同意。 将日本地图放到我国地图中，看看占比多少。 动手比较两国地图板块的大小。 学生小组说自己的想法。 学生说自己的想法	思想教育：不是自己的东西不能拿。 为我国的地大物博而自豪。 我们人多力量大，最终战胜了日本帝国！ 让学生知道战争是可怕的
四、小结	师：日本侵略者要伤害中国人，拿走我们的物产，我们能同意吗		
板书设计	抗日战争 中国 ←——→ 日本		

续 表

教学反思
战争年代的故事，对于生活在和平年代的孩子来讲，不容易理解，很难产生共鸣。所以一开始教师应该交代清楚背景和当时的社会生活状态。通过图片和视频播放，让学生了解当时全面团结抵抗侵略者是非常重要的。虽然抗日战争已成为历史，但是我们仍然要警惕侵略者的野心，团结一心保护好我们热爱的祖国

第二课时：鸡毛信

教学内容分析	1. 认识鸡毛信的样子。 2. 了解有关"鸡毛信"中的人物、原因。 3. 了解抗战背景，激发学生的爱国情怀		
教学目标	1. 体会海娃勇敢机智的精神，懂得在坏人面前要想办法机智地和他们做斗争。 2. 了解我国抗日战争的背景，教育学生珍惜当今幸福、和平的生活		
教学重难点	重点：了解故事内容，体会海娃勇敢机智的品质。 难点：理解当时的环境		
教学方法	本节课以讲授法和讨论法为主		
教学准备	1. 鸡毛信的图片。 2. 电器的图片与相对应的不同电器的替代品。 3. 紧张的配乐。 4. 主角图片、八路军图片、当时日本侵略者的照片		
教学环节	教师活动	学生活动	设计意图
一、激趣导入	出示鸡毛信图片。提问：同学们，你们知道这是什么？ 板书：鸡毛信	学生回答老师的问题	激发学习兴趣
二、新授 1. 了解故事人物。 2. 科技社会与当时的落后环境对比。	1. 出示主角图片，介绍这是海娃。 2. 出示八路军图片，简单介绍我国军队名称的变更。 3. 图片展示：八路军、解放军、新四军与日本军队服装。 4. 出示当时日本侵略者的照片，告诉学生这是坏人。 5. 提问：为什么当时海娃不用手机打电话？ 视频播放以前社会使用的通信工具。	区分：两国军队的服装不同。 了解好人与坏人的区分。 （谈论：你认为怎样才是好人？）	思想教育：做好人，做好事。 知道科技的力量，科技的便利。

教学环节	教师活动	学生活动	设计意图
3.猜一猜。	假如没有了现在的日常用品，你会用什么用品代替？ 现代日常用品： 1.空调和风扇。 2.打火机。 3.纸和笔。 4.被子、衣服。 5.煤气炉。 ……	学生小组讨论。 以前日常用品： 1.扇子。 2.火柴。 3.树枝、沙盘。 4.树叶。 5.炉灶。	让学生珍惜当今的幸福生活
4.了解战争年代。 5．学习词语：鸡毛信	师：如果没有海娃等革命英雄的付出，我们不会有现在的幸福生活。 播放战争场景，说一说你看到了什么？你的感觉是什么？ 思想教育：热爱祖国，热爱生活。 教学词语：鸡毛信	学生回答老师的问题。 齐读、开火车读	
三、小结	鸡毛信重要吗？你敢做这样的事吗	根据老师提问，回答问题	对英雄有正确认识，产生正确的价值观
四、练习	读一读，写一写	抄写词语	
板书设计	鸡毛信 海娃　　　（日本鬼子）　　　八路军 ——————————→		

教学反思

先简单介绍人物，通过出示图片，加深印象，在学生头脑中形成人物之间的架构，海娃要在日本鬼子的眼皮底下送信给八路军，是一个困难又危险的任务。培智学生的想象能力差，所以在讲抗日故事前，要提前让学生在家看抗日的电视剧或影片，使学生在头脑中产生相应的概念，上课时就不会有稀里糊涂的感觉。在讲故事时，用紧张的配乐渲染故事发生的环境，让学生心跳加速，由此更好地理解海娃的心情，也懂得在此情境中送信是一件很紧张、很困难、很危险的事情。

本节课主要还是以引导为主，通过不断提问，让学生逐渐进入故事情境。学生问为什么不用电话，是因为他们不了解以前是以送信的形式进行沟通，所以很有必要以图片的形式给学生讲解科技进步了，生活才能便捷的道理。从故事背景到人物的特点分析，学生对故事的脉络已经有了大概的了解，以此为学生讲故事打基础。

整节课先以对比的方式让学生了解通信工具的进阶以及工具好坏的区分，采用幻灯片展示、演示。先是教师讲解故事背景，然后让学生动手练习写、读词语。采取分层教学法，A、B层学生要求会写、会读，C层学生要求会认

第三课时：教学生字"毛""信"

教学内容分析	认读生字，组词，会写笔画"竖弯钩"		
教学目标	1.认读生字，组词。 2.会写笔画"竖弯钩"。 3.组词并造句		
教学重难点	重点：写笔画"竖弯钩"。 难点：用生字组词并造句		
教学方法	操作法		
教学准备	田字本		
教学环节	教师活动	学生活动	设计意图
一、前提测评	我们这个小单元学习什么		帮助学生回忆学习内容
二、目标展示	教师念一遍		
三、目标实施 1. 教学生字"毛"。	1.师：这个字怎么念？ 纠正读音。没有语言的指认。 2.板书：毛。 在书本中把这个字圈出来。 一共圈了多少个字？ 3.什么是有毛的？ 4.板书词语： 毛笔、毛病、眉毛。 5.师：这个生字有个笔画我们是很难写好的。 教读笔画：竖弯钩。 教师纠正。注意和"手"字的区分。 火眼金睛：出示手字卡和毛字卡，让学生快速读出来。 这个字念什么？ 纠正读音。没有语言的指认。 游戏：用希沃白板游戏将"毛"和"手、丰、千、无"加以区分。	1.2~3个学生读。 2.全班读。 学生自由回答。 组词。 学生先书空。 指名学生写在黑板上。 选择词语说一句话：我家有。 学生试着读出来。 学生齐读、开火车的形式读。 学生组词。 书空跟写。 观看"毛"字的演变过程。 在练习本上练习写一行毛	了解学生的掌握情况。 锻炼学生的语言能力。
2. 教学生字"信"	1.板书：信 在书本中把这个字圈出来。	A层学生写，C层学生描红。	

教学环节	教师活动	学生活动	设计意图
2. 教学生字"信"	一共圈了多少个字？ 2. 可以组什么词？ 写信、相信。 3. 板书词语。 4. 看"信"的笔顺。 5. 指名上黑板写"信"。 6. 用词语说一句话	用"我相信"造句。 学生在练习本上写一行"信"。A层学生写，B层学生描红，C层学生将生字贴到合适的位置组词	根据学生能力，分层完成教学
四、小结	今天我们学习了多少个生字	学生回答	
五、练习	写"毛""信"两个生字		
板书设计	鸡毛信 毛：ノ ニ 三 毛 信：ノ 丶 ` ` 一 一 丨 ７ 一		
教学反思	本节课以生字教学为主，通过学习生字，用生字组词并造句的方式锻炼学生的语言能力，加深对字词的运用。教学内容虽简单，但是这两个生字很容易出错，毛字容易写成手字，信字在书写时会漏掉言中间的一横。特殊学生还是以字词句的教学为主。A层学生写字和理解都能够达到目标，C层学生不具备写字能力，所以让他们贴字		

第四课时：课本剧

教学内容分析	学生扮演各种角色，演好《鸡毛信》		
教学目标	1. 让学生体会扮演的快乐，丰富其感情世界。 2. 学会与别人沟通、交流		
教学重难点	重点：学生之间的相互配合。 难点：掌握各种角色的语言、动作、表情		
教学方法	示范演示		
教学准备	信、羊毛皮、玩具手枪		
教学环节	教师活动	学生活动	设计意图
一、前提测评	师：谁送信？送给谁	学生回答	厘清故事脉络

教学环节	教师活动	学生活动	设计意图
二、目标展示	教师口述		
三、目标实施 1. 分角色。 2. 布置场景。 3. 表演开始。 4. 升级表演	师：你们想扮演谁？ 根据学生的实际和意愿分角色。 教师画好起点，布置人物所在位置并画好路线。 教师旁白，提示学生应该做出什么动作、说什么台词。 师：藏好鸡毛信。 师：表情轻松。 师：带路。 师：日本鬼子是很凶恶的，请做出厉害的表情，说话也要很凶。 学生不会做或忘记的语言、动作，可以提示。 鼓励学生发挥更多的表演	学生选角色。 扮演海娃的要藏好鸡毛信，手拿赶羊小棒；扮演坏人的拿着玩具枪；扮演羊的披好衣服；扮演八路军的戴好帽子。 学生在老师的提示下进行课本剧扮演。 学生可以自己加台词、动作	体现民主，让学生更快进入角色。 了解所扮演角色的特点。 让学生产生更多的表演欲望
四、小结	表扬表演出色的同学，给予奖励。能表演的都给予代币奖励		
五、作业	回家后将自己表演的角色演给家人看		
板书设计	鸡毛信 日本鬼子 海娃 ————————→ 八路军 信		

教学反思

课本剧对于低年段学生来说比较难，所以要提前排练，不然很难完成演出。

首先要让学生熟悉故事脉络，厘清故事发展的经过。在课程开始前先让学生预习故事的大概，然后由老师旁白，引导学生进入故事情境。A层学生扮演主角海娃、日本军官、八路军；B层学生穿插扮演日本鬼子和八路军战士；C层学生扮演羊或石头，给每个同学都分配了角色。

道具中有会发出声音的玩具枪，给课本剧的表演增加了不少真实性和趣味性

第五课时：复述故事比赛

教学内容分析	以自己选的图片，将故事讲完整		
教学目标	1.发展学生的思维想象能力。 2.在讲故事比赛中，锻炼学生的胆量		
教学重难点	重点：能将故事大概讲出来。 难点：让学生发挥想象		
教学方法	讲述法		
教学准备	鸡毛信中人物、地点、物品图片		
教学环节	教师活动	学生活动	设计意图
一、导入	师：我们听过很多故事，今天我们来试着讲故事。学了《鸡毛信》，你能试着讲给别人听吗	学生回答教师的问题	
二、目标展示	教师口述		
三、目标实施 1.选择图片。 2.想一想：厘清思路。 3.学生上台讲故事。 4.评比。 5.奖励	师：故事主要讲了谁？ 师：你不喜欢谁？不要他们出现可以吗？ 师：还有什么东西很重要？ 将选好的图片按顺序排好并贴在黑板上。 根据顺序请同学上台试着复述故事。 对于讲得好的学生给予表扬，出现卡壳的学生可以给予提示或者引导。对于C层学生则要求他们在黑板上贴出对应的主角图片。 师：你认为哪个同学讲得好？选好后请将你手上的红花放到他桌上。 对于得票多的学生给予两个代币奖励	学生答：海娃。（拿出海娃图片） 学生答：日本侵略者。没有他们就没有海娃的事。（拿出相应的图片） 学生：鸡毛信。（拿出图片） 按顺序排好，海娃→日本侵略者→鸡毛信→八路军 A、B层学生根据图片讲故事，教师给予引导或提示。 C层学生选出故事主角的图片，并贴到黑板上。 学生进行投票	给学生一定的范围让他们选择，这样既能调动他们的主动性，又可以降低难度。 发挥学生的想象力。 把主动权交给A层学生，也让C层学生有较高的参与度。 让学生具有主人翁精神

续　表

教学环节	教师活动	学生活动	设计意图
四、小结	讲故事要将谁、在哪里、干什么讲清楚，再加上动听的语言，就会有很多人喜欢听你讲故事，多练习就会越讲越好		
五、作业	回家将自己讲的故事讲给家人听		
板书设计	讲故事比赛 谁 ——→ 在哪里 ——→ 干什么		
教学反思			

在教学中，让学生讲故事就如同让学生写作文，不知从何入手。培智学生的想象能力比较差，所以打印了动物图片，其中有草食动物、肉食动物，查询动物故事，将它们可能发生的事用图片打印出来，如打架、帮助别人等。让学生根据图片讲一讲，相当于看图说话，但又有选择性，学生还是比较接受这种方式

第二单元　社区生活——购物

惠州市惠阳区特殊教育学校　宋石红

小主题：购物

课时：5课时

第一课时：认识超市标志

教学内容 分析	随着特殊教育的不断发展，"社会化""生活化"的教育理念已经渗透到特殊学校的各个角落。为了让学生学会独立生活，更好地融入社会，我们必须逐步把学生从课堂引向社会。 超市购物是我们日常生活的重要内容之一。我们经常需要到超市购买生活用品，需要认识各种不同的超市。特殊儿童由于自身和家庭的原因，很少到超市去，购物就更少了。由于特殊学生抽象思维和泛化能力较差，教学更应注重学生的感官体验。 本单元主要编排"认识超市标志""认识人民币""我们身边的价格""生产日期和保质期""付款及超市购物礼仪"几个活动。 本单元的教学重点是认识常见的超市标志，并会书写相关的词语；认识人民币币值，会认读物品的标价，并能根据所买的物品价格，用手机或现金付同等金额。在超市购物时，会看物品的生产日期和保质期，注意购物礼仪。 本单元的教学难点是认识人民币币值，会认读物品的标价，并能根据所买的物品，用手机或现金付同等金额。

教学内容分析	本单元的教学要求：以绘本《小兔的生日》为线索，贯穿整个教学单元。通过小兔生日去超市买庆祝生日的相关物品这一事件为起因，引导学生认识超市的标志，学会认读商品的价格，并能根据所买的物品价格，用手机或现金支付同等金额。最后，在超市购物的过程中，引导学生文明购物，做一个文明的好学生
教学目标	1. 认识常见的超市标志（沃尔玛、大润发、天虹、美宜佳等）。 2. 能指认并会读出生字词（沃尔玛、大润发、天虹、美宜佳等）。 3. 能正确书写生字词（沃尔玛、大润发、天虹、美宜佳等）。 4. 知道超市的区域划分，能根据自己所需，到相关区域选购物品
教学重难点	重点：看到常见的超市标志，能正确指认，并说出相对应的名称。 能正确书写生字词。 难点：了解超市的区域划分，能根据自己所需，到相关区域选购物品
教学方法	1. 个别化教学法：了解和收集学生的个人基本信息，通过一定时间的观察和教学实践去了解学生的起点能力与弱势能力，根据不同学生的学习状况和知识掌握程度进行个别化教学，发展学生的起点能力，补偿学生的弱势能力。 2. 分组教学法：通过对学生的感知发展水平和学习能力进行综合评估，对学生进行分组，给不同小组的学生制定不同的教学目标，开展差异化教学活动，对小组学生进行适性教育，最大限度地提高学生对知识和技能的学习效果。 3. 精熟教学法：教学后，形成性评量。设计形成性评量、评量标准，如没有达到标准的，提供补救帮助；已达到标准的，提供充实活动，最后设计总结性评量
教学准备	常见大型超市的logo图片、字卡、PPT、日历

教学环节	教师活动	学生活动	设计意图
师生问好	老师主动与学生问好，并分别点名	点到名的学生，喊"到"	例行常规活动
一、认识主角，激发兴趣	1. 出示课件《小兔的生日》:小兔的生日就要到了，它想在生日当天邀请它的好朋友小猴、小猫、小狗、小马、小猪一起来它家开生日聚会。（出示动物的图片） 2. 开派对需要准备很多东西，小兔需要到哪里去买呢? 它不认识超市，怎么办呢? 我们今天就教小兔认识一下常见的超市吧	1. A组：根据图片，说出动物的名称。 B、C组:出示图片，能指认动物。 2. A、B组：能根据老师的提问，回答"超市"。 C组:出示超市的图片并能指认。	以自编绘本的形式，引起学生的兴趣

续 表

教学环节	教师活动	学生活动	设计意图
二、引导阅读，走进故事	场景一：小兔不知道它的好朋友都喜欢吃什么东西，于是小兔分别打电话给朋友们进行询问，并记录了下来。（小猴喜欢吃香蕉、小猫喜欢吃鱼、小狗喜欢吃肉、小马喜欢吃青菜、小猪喜欢喝可乐） 场景二：森林里开了好几个超市，可小兔不认识超市的名称，这可犯难了！ 场景三：小兔看到森林的导向图，那里有沃尔玛、大润发、天虹、美宜佳的标志。可小兔不认识字，我们一起帮它认字吧！ 场景四：学习生字词。 1. 出示生字卡片：沃尔玛、大润发、天虹、美宜佳。 2. 跟读词语。 场景五：小兔走进超市，发现超市好大，东西好多，让它眼花缭乱。但小兔留意到超市分为很多不同的区域，有食品、百货、生鲜三大部门。 食品分为饮料酒水、烟草、休闲食品、调味品、冲泡等； 百货分为鞋服、针织、床上用品、清洁洗涤、厨具日杂、电器等； 生鲜分为蔬菜、水果、熟食。 场景六：小兔把生字卡和超市的标志搞混了，我们一起帮它一一对应起来。 场景七：小兔准备去超市买东西时，发现自己忘了带钱	场景一： A组：出示动物的图片时，能说出动物喜欢的对应的食物。 B、C组：能指认动物。 场景二： A组：出示绘本，能用自己的话大概说出里面的内容。 B、C组：能跟着老师说词语。 场景三： A组：出示超市的标志图，能说出超市的名称。 B、C组：能跟着老师说超市的名称。 场景四： A组：出示生字卡，能读出词语。 B、C组：跟读词语。 场景五： A组：知道超市的各部分区域，能根据自己所需，到相关区域买东西。 B、C组：认识常见的水果蔬菜。 场景六： A组：能将字卡和图卡进行配对。 B、C组：能做图卡配对。 场景七：能完成练习。 A组：能正确把字卡和图卡配对，并正确读出和写出词语。 B组：能正确把字卡和图卡配对，并能正确读出词语。 C组：能正确把字卡和图卡配对	以动物角色出现，能调动起学生的注意力。 根据学生层次的不同，要求不同

教学环节	教师活动	学生活动	设计意图
三、小结并布置作业	1. 课堂小结： 小兔生日到了，它准备邀请谁参加它的生日聚会？ 2. 小兔要买东西，它准备去哪里买？最后买回来了吗？为什么？ 你常见的超市有哪些	1. A组：能正确回答老师的问题：小猴、小猫、小狗、小马、小猪。 B、C组：出示动物图片，能指认动物图片。 2. 超市；没有；因为忘了带钱。 3. A组：能说出常见的超市名称：沃尔玛、美宜佳、大润发、天虹。 B、C组：出示超市图卡，能指认	
四、奖励	表现好的学生，奖励代币或食物		强化学生的正向行为
板书设计	小兔的生日 （小猴）（小猫）（小狗）（小马）（小猪） 蔬果区 VEGGIES & FRUITS　五谷杂粮 CEREALS　糖果　杂粮 休闲食品 LEISURE FOOD　粮油冲调 GRAIN AND OIL RICH　糕点　干货 散装食品 BULK FOOD　日用百货 HOUSEHOLDS　干果　饼干		

教学反思

根据教学需要，以故事的形式进行自编绘本。通过具体的形象、有趣的情节吸引学生。《小兔的生日》故事围绕着"小兔开派对，需要到超市买东西"这一线索，贯穿了整个教学过程。从小兔为学习者的角度，让学生扮演教学的身份，教会小兔认识超市的标志，从而激发学生更大的学习兴趣

第二课时：认识人民币

教学内容 分析	人民币是我国法定的货币，它是价值的一般代表，在人们的生活中起着重要的作用。 本课通过小兔和兔妈妈对话，以教学者和学习者的角色，引入课题"认识人民币"。通过触觉与视觉认识硬币和纸币，得出硬币是硬硬的、圆圆的，纸币是长方形的。以游戏的形式，进一步认识人民币的面值。通过认识人民币，使学生初步学习人民币的基本知识，学会使用人民币，提高社会实践能力，体会数学概念与现实生活的密切联系。 教学要求：通过兔妈妈和小兔间的对话开展教学，以触觉和视觉等多种形式，引导学生对纸币和硬币的认识。实物教学，认识人民币的面值，进行区分、对比。学习简单的人民币兑换，了解人民币与生活的密切联系，引导学生爱护人民币
教学目标	1. 感知、认识10元以内的人民币。 2. 能说出它们的单位名称：元、角。 3. 学习简单的人民币兑换，了解人民币与生活的密切联系，爱护人民币
教学重难点	重点：感知、认识10元以内的人民币，能说出它们的单位名称：元、角，了解人民币与生活的密切关系，学会爱护人民币。 难点：学习简单的人民币兑换
教学方法	1. 个别化教学法：了解和收集学生的个人基本信息，通过一定时间的观察和在教学实践中的表现去了解学生的起点能力与弱势能力，根据不同学生的学习状况和知识掌握程度进行个别化教学，发展学生的起点能力，补偿学生的弱势能力。 2. 分组教学法：通过对学生的感知发展水平和学习能力进行综合评估，对学生进行分组，给不同小组的学生制定不同的教学目标，开展差异化教学活动，对小组学生进行适性教育，最大限度地提高学生对知识和技能的学习效果。 3. 精熟教学法：教学后，形成性评量。设计形成性评量、评量标准，如没有达到标准的，提供补救帮助；已达到标准的，提供充实活动，最后设计总结性评量。
教学准备	面值为1元、5元、10元的纸币，1元、5角、1角的硬币，PPT

教学环节	教师活动	学生活动	设计意图
师生问好	教师点名	学生喊"到"，并一起点数班级的人数	例行常规，形成习惯

教学环节	教师活动	学生活动	设计意图
一、复习活动，导入主题	（一）出示课件《小兔的生日》，回忆上节课学习的内容。请学生进行复述。 （二）小兔要到超市买东西，但是它没有带钱，于是它又返回来跟兔妈妈拿钱	A组：能根据课件，简单复述内容。 B、C组：能根据课件，说出一两个关键词	以复习的形式导入，让学生对之前学习的内容加深印象，让学生复述，能锻炼其口才与胆量
二、学习新知：认识各种面值的人民币	（一）分类操作，区分硬币和纸币。小兔回到家，跟兔妈妈拿钱，兔妈妈教小兔认识各种面值的人民币。 1.兔妈妈拿出各种面值的人民币（硬币、纸币），让小兔摸一摸、捏一捏。并提问：这些钱一样吗？什么地方不一样？ 2.把硬币和纸币区分开。 3.认识生字：元、角。 （二）认识人民币的面值。 1.观察硬币的不同。 （1）观察1元、1角、5角的硬币，它们有什么不同？ （2）认识硬币的面值，每位学生发放硬币。 2.认识纸币的面值。 （1）观察纸币"5元"（有图案、数字、图像……），依此认识纸币1元、10元。 （2）玩游戏认识人民币：准备若干个呼啦圈，呼啦圈内贴有相对应的人民币。听音乐，当音乐一停，学生走到呼啦圈内，说出呼啦圈内的人民币面值。 （三）知道人民币的作用。 （1）小兔拿着不同面值的人民币去买物品，体验人民币流通和支付的作用。 （2）物品的价品不一，认识人民币的衡理价值。	（一） 1.A组：通过触摸能说出纸币和硬币之间的不同（形状不同，有的是长方形，有的是圆形。长方形的钱叫作纸币，圆圆的、硬硬的钱叫作硬币）。 B、C组：通过触摸，能感知纸币和硬币的区别。 2.A、B、C组：能正确区分纸币和硬币。 3.A组：认识生字：元、角。 B、C组：能跟读生字。 （二） 1.A组：观察纸币面值知道大小不一样、颜色不一样、图案不一样、数字不一样（硬币每个硬币上都有一个数字，数字后面有个字）。 2.B、C组：观察不同纸币的面值，说出一两点。 （四） A组：能进行元、角的兑换。 B、C组：能区分元、角	通过摸、捏，调动起学生多感官学习的积极性。 实际操作练习，让学生加深印象。 以游戏形式活跃课堂氛围。 知道人民币的作用，爱护人民币

二、学习新知：认识各种面值的人民币	（四）人民币兑换。 出示一张1元和十张1角的纸币，以及一个1元和10个1角的硬币。 1元=10角，10角=1元		
教学环节	教师活动	学生活动	设计意图
三、课堂练习	1. 兔妈妈拿出很多硬币和纸币，让小兔进行分类。 2. 连线，把相同面值的人民币用线连起来	A组：能正确区分硬币和纸币，出示纸币，能正确说出面值。 B组：能正确区分硬币和纸币，能把相同面值的纸币对应。 C组：能正确区分硬币和纸币	课堂练习，进一步加深巩固所学的内容
四、小结与奖励	1. 小结：在兔妈妈的引导下，小兔已经认识了不同面值的硬币和纸币，它现在就可以去超市买东西了，是吗？可是，兔妈妈却说，小兔现在还不能自己去超市买东西，因为兔妈妈还要教小兔一些技能，究竟是什么呢？我们下节课继续。 2. 表现好的学生，奖励代币或者小星星	学生可以畅所欲言	小结时又抛出一个问题，引起悬念，激起学生的好奇心。 及时奖励，强化学生的行为
板书设计	认识人民币 出示人民币图样		

教学反思

学生的特殊性，使其缺乏社会经验，购物的机会很少，对人民币也只是初步的认识，对于要用钱才能买到东西的等价交换原则，也只是一种模糊概念。在认识人民币时，对其附加的价值缺乏了解。本节课的教学使学生对人民币有了进一步的认识，使学生在简单的活动中学习人民币的币值和人民币的商品功能

第三课时：我们身边的价格

教学内容分析	特殊儿童对在超市中的购物、买卖过程以及商品价格展现出既熟悉又充满好奇的心理，但对于价格的概念又很模糊。大部分家长只是让学生参与选购商品，却没有参与买卖的过程，所以很多学生不能正确理解价格与钱币之间的关系。 本节课依然以"小兔的生日"为线索，从实际生活出发，将社会、家庭、学校三者联系起来，让学生在生活中学习和运用数学解决身边的问题，体验数学的真正意义。 本课的教学要求：兔妈妈带小兔去超市，在超市里教小兔认读价格。在超市里能看到很多不同价格的商品，很多带有小数点的价格，认读百位、十位、带小数点的价格
教学目标	1. 初步学会认读价格。 2. 了解钱币与购物的关系
教学重难点	重点：初步学会认读价格，了解钱币与购物的关系。 难点：认读带小数点的价格，了解钱币与购物的关系
教学方法	讲授法：教师使用口语来描述情境、叙述事实、解释概念、论证原则和澄清规则。 谈话法：通过教师和学生之间的对话传播学习知识的方法。其特点是教师指导学生利用现有的经验和知识回答教师提出的问题，从中获取新知识或巩固和检查所获得的知识
教学准备	价格卡若干、小卡片、笔

教学环节	教师活动	学生活动	设计意图
师生问好	教师点名，并与学生问好	点到名的学生喊"到"，并点数班里的师生人数	例行常规，形成习惯
一、复习导入，回忆旧知	（一）出示课件，一起回忆前面所学的知识。 通过前面的学习，我们知道兔妈妈已经教会了小兔认识人民币，但是说小兔还不能去超市买东西，这是为什么呢？	（一）A组：学生根据老师出示的课件，回答问题。 B、C组：能根据老师出示的课件，产生表达的欲望。	小步子、多循环，通过每节课的回忆、复述，加深学生对绘本的印象，从而更好地开展教学
	（二）出示兔妈妈带小兔去超市的图片，提问：兔妈妈带小兔去超市，是准备生日派对的礼物吗	（二）A组：能正确回答问题。 B、C组：能有表达的欲望	

续 表

教学环节	教师活动	学生活动	设计意图
二、超市里的购物体验	（一）兔妈妈带着小兔来到了超市，这家超市叫什么名字？（注意标志） （二）认识价格。 1.兔妈妈带着小兔在超市的货架旁停了下来，让小兔观察价格的书写特点（价格都是用数字表示的，并带有单位：元）。 2.学习小数点。 认读百位、十位、带小数点的价格。 3.兔妈妈拿出各种商品，练习认读价格	（一）A组：通过标志，说出"沃尔玛"。 B、C组：能指认"沃尔玛"的标志。 （二） 1.A组：能说出价格的书写特点。 B、C组：能指认商品的标价。 2.A组：能正确读出带小数点的价格。 B、C组：能跟读带小数点的价格	
三、活动练习：制作价格卡	小兔的好朋友喜欢吃不同的食物（如小猴喜欢吃香蕉、小猫喜欢吃鱼、小狗喜欢吃肉、小马喜欢吃青菜、小猪喜欢喝可乐），为它们的食物标上价格	A组：能为物品标好价格，并放到相应的物品上。 B、C组：将制作好的价格卡放到相应的物品上	通过练习，巩固对价格的认识
四、活动总结与奖励	1.小兔已经列出好朋友们喜欢吃的食品并知道价格，准备选好了，就去付钱。 2.但兔妈妈又告诉它，有些食物会过期，需要学会看生产日期和保质期。 3.对于生产日期和保质期，怎么看呢？下一节课，兔妈妈就会告诉我们。 4.表现好的学生，奖励代币或小星星	激励学生再接再厉	引起悬念，激发学生的求知欲
板书设计	我们身边的价格 3.98 元 　　9.8 元/斤　　3 元/瓶		

续 表

教学反思
程度好的学生认识面值为1元、5元、10元的人民币，但对于小数点的认识，特别是认读是比较困难的。对于钱币与价格的关系依然比较模糊，需要多带学生外出实践，在真实的情境中教学，让学生亲身体验数学在生活中的运用

第四课时：生产日期和保质期

教学内容分析	随着社会物质文明的发展，越来越多的食品走进我们的生活，教会特殊儿童简单判断食品的安全性，养成安全饮食的习惯。 本次活动内容主要让学生了解几种检查食物变质的方法，尝试判断食物能否食用，有安全饮食的意识。引导学生在探索中发现并获得食品生产日期、保质期方面的常识，学会保护身体的健康。 本节课的教学要求：视频导入，引出今天的教学内容，使学生知道吃了过期食品会影响我们的健康，我们除了要学会查看生产日期和保质期，还可以通过眼睛看、鼻子闻等方式判断食品安全性		
教学目标	1. 了解买食品时应该注意的事项。 2. 通过自己探索、寻找的过程，了解食品包装袋上的生产日期和保质期。 3. 知道食品的保质期关系到我们身体的健康，培养学生的安全意识		
教学重点难点	重点：通过自己探索、寻找的过程，了解食品包装袋上的生产日期和保质期。 难点：通过包装袋上的生产日期和保质期，能推算食品的安全期		
教学方法	1. 演示法：教师在课堂上通过展示各种实物、直观教具或进行示范性实验，让学生通过观察获得感性认识的教学方法。 2. 示范教学法：在教学过程中，教师通过示范操作和讲解使学生获得知识与技能的教学方法		
教学准备	饼干、薯片、棒棒糖若干包，食品外包装上的数字统计表，食品生产日期和保质期统计表，一张挂历，字卡若干，过期的食品		
教学环节	教师活动	学生活动	设计意图
师生问好	教师与学生问好，并点名	点到名的学生喊"到"，并点数全班人数	例行常规活动，提前预告

教学环节	教师活动	学生活动	设计意图
一、情境导入，引发课题	1.兔妈妈和小兔回到家中，兔妈妈给小兔看一个视频：几天前，小熊自己一人在家，从冰箱里拿了一瓶牛奶喝，过了一会儿，小熊开始肚子痛。熊妈妈回到家，看到小熊疼得在地上打滚，立刻打120把小熊送到动物医院。医生说：小熊是喝了过期的牛奶，导致肚子痛的。 2.提问：食品过期了，就不可以食用，那我们应该怎么辨别食品是否过期呢	学生观看视频。 自由发言	播放视频，直观明了，能抓住学生的眼球
二、新授	（一）了解几种食物变质的方法。 1.观察几种过期食品。 2.如何辨别食品能不能食用？ （二）引导学生观察、分组操作记录，学习识别食品生产日期和保质期并了解它们的作用。 1.每人发一包饼干，引导学生观察食品的外包装，辨别上面的生产日期和保质期的标志。 （1）出示字卡，学习词语"生产日期"和"保质期"。 （2）学生用笔在食品包装上圈出"生产日期"和"保质期"。 （3）观察食品包装上"生产日期"和"保质期"的内容（年/月/日）。 2.引导学生讲述并记录各种食物的"生产日期"和"保质期"。 （1）出示记录表，学会记录。 （2）观察记录"生产日期"和"保质期"中的内容 （见下表）	（一）A组：学习辨别食品是否能食用的方法：用眼睛看、鼻子闻、看保质期等。 B、C组：能用眼睛看、鼻子闻辨别食品。 （二） 1.（1）A组：能正确读出词语。 B、C组：跟读词语。 （2）A组：能正确圈出"生产日期"和"保质期"。 B、C组：在协助下，能圈出"生产日期"和"保质期"。 2.A组学生：能正确记录生产日期和保质期。 B组学生：能找到"生产日期"和"保质期"的字样。 C组学生：能用鼻子闻、眼睛看辨别食品	学生记忆力不太好，以记录的形式直观明了地进行对比

食品名称	生产日期（年/月/日）	保质期（年/月/日）	能否食用（是/否）

教学环节	教师活动	学生活动	设计意图
三、小结回顾	我们今天知道，除了用眼睛看、鼻子闻等方法，也可以查看包装上的生产日期和保质期。在日常生活中，我们要注意食品的安全卫生，养成关注食品保质期的习惯	眼睛看、鼻子闻、查看生产日期和保质期	总结回顾，让学生清楚认识到关注食品的生产日期和保质期的重要性
四、布置家庭作业和奖励	1. 回到家，找出家中的食品，用学过的三种方法与父母一起判断食品是否过期。 2. 表现好的学生，给予奖励	完成家庭作业	与父母一起完成家庭作业，家长能进一步教育孩子，对今天所学的知识进行巩固、加深

板书设计

生产日期和保质期

生产日期

保质期

表格填写

食品名称	生产日期（年/月/日）	保质期（年/月/日）	能否食用（是/否）

教学反思

整节课下来，学生的积极性较高，因为以食品作为教具，吸引了学生的注意力，使学生的学习兴趣更浓。设计活动时，高估了学生的计算能力，特殊儿童的思维逻辑能力是较差的，没有考虑到推算食品保质期是一个涉及多重运算的过程。所以，需要在前期进行日期换算的训练，才能让后面的教学顺利进行

第五课时：付钱及超市购物礼仪

<table>
<tr>
<td>教学内容
分析</td>
<td colspan="3">随着时代的发展、科技的进步，现金的使用逐步被手机微信、支付宝所取代。我们的学生也要顺应时代的发展，学会使用移动产品，学会用手机支付这种简单、快捷的方式。
在超市买东西是件很惬意的事，琳琅满目的货品让学生很是欢喜。教会学生在购物的同时，要注意遵守超市秩序。到超市购物，同样要遵守规则和秩序，树立良好的公共道德意识，以自律和尊敬他人为原则。
本节课的教学要求：通过超市购物教会学生使用手机微信或支付宝支付，并能在超市购物的过程中注意购物礼仪</td>
</tr>
<tr>
<td>教学目标</td>
<td colspan="3">1. 学会使用手机微信或者支付宝支付。
2. 体验购物的过程，了解购物需要注意的事项。
3. 培养学生的公德意识和良好的公共场所礼仪</td>
</tr>
<tr>
<td>教学重
难点</td>
<td colspan="3">重点：学会使用手机微信或支付宝支付。
体验购物的过程，了解购物需要注意的事项。
难点：学会使用手机微信或支付宝支付</td>
</tr>
<tr>
<td>教学方法</td>
<td colspan="3">1. 直观演示法：教师在课堂上通过展示各种实物、直观教具或进行示范性实验，让学生通过观察获得感性认识的教学方法。
2. 现场教学法：是以现场为中心，以现场实物为对象，以学生活动为主体的教学方法</td>
</tr>
<tr>
<td>教学准备</td>
<td colspan="3">每人自备一部智能手机、PPT、图卡若干</td>
</tr>
<tr>
<td>教学环节</td>
<td>教师活动</td>
<td>学生活动</td>
<td>设计意图</td>
</tr>
<tr>
<td>师生问好</td>
<td>教师与学生主动问好，并点名</td>
<td>主动与老师问好，点到名的学生喊"到"，并点数班级人数</td>
<td>课堂礼仪是学生每天的必修课之一</td>
</tr>
<tr>
<td>一、谈话
导入，引
起共鸣</td>
<td>1. 出示课件，通过前面的学习，我们知道小兔在兔妈妈的教育下，已经选好商品，并准备去付钱了。
2. 妈妈从家里出来并没有带钱包，只是带了一部手机，今天还能顺利买到食物吗？小兔觉得非常奇怪</td>
<td>A组：根据出示的课件，能说出课件的内容。
B、C组：能简单说出有关课件内容的词语或短句。
思考小兔的问题</td>
<td>抛出问题，让学生思考，自由发言</td>
</tr>
</table>

教学环节	教师活动	学生活动	设计意图
二、新授	（一）购物礼仪 1.小兔和兔妈妈买好东西去结账。收银台排了长长的队伍，小兔想直接跑到前面去结账。 2.超市购物需要注意的事项： ①先选再拿；不损坏超市物品，掉在地上的东西要捡起来；不要的物品要放回原处。 ②找不到商品时，寻求售货员帮助。 ③付款时，按先来后到的顺序排队能让大家都快乐。 ④学会道谢。当别人帮助了你，主动说一声"谢谢"。 （二）付款 1.现金支付：把现金拿给收银员—收银员找零—装好东西回家。 2.微信支付：打开微信→点击"发现"→扫一扫—扫二维码→输入金额与密码。 打开微信→点击"微信"最右上方的⊕→点击"收付款"→输入密码。 支付宝支付：打开支付宝首页→扫一扫→输入金额与密码。 打开支付宝首页→付钱→输入密码。 （三）手机操作练习	（一） A组：知道购物需要注意的事项。 B、C组：能说出一两点购物的注意事项。 （二） 打开微信→点击"发现"→扫一扫二维码→输入金额与密码。 打开微信→点击"微信"最右上方的⊕→点击"收付款"→输入密码。 学生根据图示，进行操作练习。 A组学生：能正确使用现金、微信和支付宝支付。 B组学生：至少能掌握一种支付方法。 C组学生：能在协助的基础上，掌握一种支付方法	购物礼仪也是教学中的重要环节，教育学生无论何时何地都要做一个文明的人。 重点教会学生使用手机，能用微信和支付宝支付，让他们体会生活的便利。不同能力的学生，要求不一样
三、小结与归纳	1.从课件开始，回忆小兔购物的整个过程。 2.小结：最后小兔在兔妈妈的帮助下买到了食品。明天就是小兔的生日了，小兔准备和它的朋友们一起举行生日聚会。我们也祝小兔生日快乐吧	根据课件，回顾购物的流程	整体复习，归纳总结

续 表

教学环节	教师活动	学生活动	设计意图
四、布置家庭作业与奖励	1.晚上回到家，可以和父母一起逛逛超市，买一件小物品，让自己学会用微信、支付宝或现金支付。 2.奖励代币	去超市购物，自己挑选物品、付款等	实地操作练习，有利于将所学知识进一步地加深、巩固
板书设计	付钱及超市购物礼仪 注：教师展示多种支付方式		
教学反思	活动流程较为清晰，环节较为紧密，教学目标基本达成。这节课主要是让学生学会使用手机，学会用微信、支付宝进行付款，要注重操作性。但由于学生平时较少接触手机，且学生缺乏安全意识，家长不放心让学生用手机支付，所以让学生在生活中真正熟练地操作手机还是具有一定的难度		